La secta del perro
Vidas de los filósofos cínicos

Carlos García Gual

La secta del perro

Diógenes Laercio

Vidas de los filósofos cínicos

Traducción de Carlos García Gual

Alianza editorial
El libro de bolsillo

Primera edición: 1987
Tercera edición: 2014
Octava reimpresión: 2026

Diseño de colección: Estrada Design
Diseño de cubierta: Manuel Estrada

Reservados todos los derechos. El contenido de esta obra está protegido por la Ley, que establece penas de prisión y/o multas, además de las correspondientes indemnizaciones por daños y perjuicios, para quienes reprodujeren, plagiaren, distribuyeren o comunicaren públicamente, en todo o en parte, una obra literaria, artística o científica, o su transformación, interpretación o ejecución artística fijada en cualquier tipo de soporte o comunicada a través de cualquier medio, sin la preceptiva autorización.

© Carlos García Gual, 1987
© Alianza Editorial, S. A., Madrid, 1987, 2026
   Calle Valentín Beato, 21
   28037 Madrid
   www.alianzaeditorial.es

ISBN: 978-84-206-8621-9
Depósito legal: M. 2.970-2014
Printed in Spain

Si quiere recibir información periódica sobre las novedades de Alianza Editorial, envíe un correo electrónico a la dirección: alianzaeditorial@anaya.es

Índice

11 Prólogo

La secta del perro

21 1. El emblema de la desvergüenza
34 2. Antístenes, el precursor
51 3. Diógenes, el Perro
82 4. Crates, el filántropo
91 5. Unos cuantos cínicos más
102 Nota bibliográfica

Diógenes Laercio: Vidas de los filósofos, VI

109 Antístenes
122 Diógenes
155 Mónimo
157 Onesícrito
157 Crates
162 Metrocles
163 Hiparquia
165 Menipo
167 Menedemo

El moderno Diógenes. Antes de buscar al hombre, hay que haber encontrado la linterna. ¿Tendrá que ser la linterna del cínico?

F. Nietzsche, *Humano, demasiado humano,* II, 2, 18

Prólogo

Éstos son buenos tiempos para el cinismo, inmejorables para el sarcasmo como forma crítica. El "malestar en la cultura" se nos ha vuelto tan agobiante, que lo más eficaz de nuestra sofisticada farmacopea nos estimula a renunciar a ella, la cultura, en la mayor medida posible, o más taimadamente, a consumirla en una forma abaratada y *light,* en píldoras de fórmula reconocida. El consumismo frenético y la propaganda ensordecedora de tantos productos nos invitan a comprarnos gafas y orejeras para ver y oír menos a fin de no embotarnos del todo. Tal vez lo más prudente sería escapar de la civilización que nos abruma, a la "naturaleza", o lo que nos hayan dejado de ella, de tanta perversión civilizadora y tanto progreso desconcertado.

«Trasmutar los valores» fue el viejo lema del cínico Diógenes. Pero, en un mundo de pacotilla, ¿para qué subvertir los valores? ¿Para qué esforzarse en troquelar de nuevo las monedas, si la galopante inflación –ética y política– anula pronto los efectos de cualquier falsificación? Tal vez una característica del cinismo moderno sea la renuncia al escándalo con el que el cínico antiguo, con su personalidad agresiva, se enfrentaba, en solitario, a la sociedad de su entorno. Pues, a estas alturas, escandalizar a la sociedad actual, he ahí algo que parece imposible. Vivimos en una sociedad abierta y permisiva, que cuenta con implacables medios para marginar al provocador y ahogar cualquier protesta inconveniente con ayuda de los medios de comunicación. Hay un cinismo difuso y universal, pero bien solapado. Son muchos los cínicos, pero van sin el viejo manto y sin alforja, disimulados y consentidos. Como ya en Grecia, el cinismo que abomina de la civilización es una planta tardía de la cultura saciada de convencionalidad y retórica; su afán por la naturaleza y su desprecio por la urbanidad es un fenómeno urbano. Su feroz y ejemplar individualismo es una respuesta a la alienante represión general del «progreso».

El cinismo moderno, esa "mala conciencia ilustrada", busca también, como el antiguo, la senda de la felicidad, ya que no un "sendero de perfección". Pero, después de tantos libros, de tantas revoluciones, de tantas críticas filosóficas, está desencantado de todo, y no mantiene la actitud de desafío a las normas abiertamente. Es un cinismo resignado. P. Sloterdijk cita la frase de G. Benn, «uno de los más destacados portavoces de la moderna estructura cínica», que dice: «Ser tonto y tener trabajo, eso es la felicidad», como lúcida y desvergonzada formulación del cinismo de nuestro siglo. Lo contrario: ser inteligente y cumplir una tarea supone una conciencia desgraciada en un contexto alienante.

Pero no cometeré la descortesía –que en un libro sobre lo cínico tampoco sería grave– de aprovechar este prólogo para una disertación sobre las diferencias entre el cinismo actual y el antiguo. Conste que no me faltaría bibliografía para respaldar el ensayo. En su día tenía a mano los libros de K. Heinrich, *Antique Kyniquer und Zynismus in der Gegenwart,* de 1966; de I. Fetscher, *Reflexionen über den Zynismus als Krankheit unserer Zeit,* de 1975; de H. Niehues-Pröbsting, *Der Kynismus des Diogenes und der Begriff des Zynismus,* de 1979; y de P. Sloterdijk, *Kritik der zynischen Vernunft,* de 1983, en dos tomos, por no citar más que a autores alemanes, a los que han venido a unirse otros autores en estos últimos años. La tentación de una divagación filosófica sobre el tema es fácil de vencer, sobre todo gracias a la pereza. Sugiero, sin embargo, que el tema puede valer la pena de una meditación actual y que incluso estaría a la moda.

Como el Felix Krull de Thomas Mann (o como Félix de Azúa, en su autobiográfica *Historia de un idiota contada por él mismo o El contenido de la felicidad),* hay protagonistas en relatos de un novelado y lúcido cinismo, de un cinismo entre satírico y picaresco, que nos apuntan con sus guiños y peripecias personales una interpretación moderna de la búsqueda de la felicidad. Esa «afanosa investigación» es esencial en el cinismo, como también la apuesta personal en el empeño; pero el cínico antiguo aspiraba a la etiqueta de «sabio», expedida en el gremio de los filósofos, gremio huraño y de ínfulas pedagógicas.

Las biografías de los cínicos que –en sus *Vidas y opiniones de los filósofos más ilustres*– redactó Diógenes Laercio, un erudito que vivió unos cinco siglos después de su homónimo, el Perro, biografiado por él, tienen poco de auténticos relatos biográficos. Son poco más que una sarta de anécdotas y sentencias que, por lo demás, ofrecen escasas garantías de ser auténticas. Tienen, no obstante, a su favor el ser ferozmente divertidas, y algunas de ellas han sido celebradas durante siglos como breves muestras del humor antiguo, un humor sagaz, ácido y filosófico.

En nuestro estudio vamos a evocar esas siluetas a modo de sombras chinescas, de perfiles en blanco y negro, tal como nos lo permiten esos testimonios escuetos, que traducimos luego. Vamos a hablar del cinismo antiguo, griego, que fue más una actitud vital ejemplificada inolvidablemente en tres o cuatro figuras señeras que un sistema o una escuela filosófica original.

En alemán cabe (desde mediados del siglo XIX) la distinción entre *Kynismus* y *Zynismus,* término este que denomina el cinismo en general, mientras que la primera palabra indica el «cinismo» histórico, el de la secta helénica que introdujo el nombre en los manuales de filosofía. Trataremos, pues, aquí del cinismo que en alemán lleva la K, del *kynismós* con *k* de perro, es decir, derivado de *kyon,* «can». La distinción entre un cinismo con Z, esa fricativa tan sesgada, escurridiza y elegante, y el otro con K, oclusiva picuda y un tanto bárbara, daría pie sin duda a comentarios semióticos finos; pero, como no se da en castellano, prescindamos de ellos. Los *kynikoí* que, bajo el emblema del perro, llevaron una vida canina tomando el sol en el ágora ateniense o en el mercado de Corinto, fueron los precursores memorables de otros mil cínicos anónimos, dispersos por el mundo helenístico y el romano, iluminados por un mismo soleado afán de sabiduría práctica y envueltos en un atuendo mínimo y mendicante. En contraposición a las prestigiosas escuelas antiguas de filosofía el cinismo no pasó de ser una burlona pantomima confrontada a una estupenda tragedia. Y sin embargo...

El propósito de las páginas que siguen es el de servir de introducción al texto de Diógenes Laercio que luego hemos traducido, y, aprovechando ese pretexto, comentar los temas fundamentales de ese pensamiento y actitud insertos de mal modo –con grosería y causticidad– en la historia de la filosofía griega. Me interesa subrayar lo que tuvo de específico el cinismo como forma de pensar crítica, subversiva –pero no porque piense, como alguien dijo en el siglo XIX, que sea «una filosofía del proletariado» ni mucho menos–, y revulsiva, frente al idealismo platónico y la retórica convencional. Un pensamiento que se expresa ante todo a través de las anécdotas, los gestos y los chistes, que quiere provocar mediante la risa y el sarcasmo, que reduce la vida a mínimos y propone un ascetismo hacia lo animal como camino a la "virtud", surgido en el momento de madurez de la civilización helénica como negación de los refinamientos de la civilización, no deja de ser sorprendente y atractivo, y tal vez hasta un punto actual. Esas páginas reivindican también el buen nombre de Diógenes Laercio, aficionado a los chismes como buen erudito, que acertó al transmitirnos esa visión caricaturesca de unos filósofos que pronto fueron caricatura y que buscaron ese lado cómico e irónico de la crítica, para sus sátiras y sus rechazos. Las anécdotas que cuenta este sagaz compilador del siglo III d. C. son anécdotas estupendas y justamente famosas, reales o inventadas mucho antes. Nunca la anécdota cobró tanto sentido, y nunca un pensamiento se expresó tan claramente mediante las anécdotas; son como petardos que el terrorismo intelectual del cínico coloca al pie de los monumentales sistemas ideológicos, quiebros ágiles contra la seriedad fantasmal de la opinión dominante, muecas un tanto de payaso, oportunas e inteligentes para desenmascarar esa aparatosa seriedad de las ideas solemnes y las convenciones cívicas.

No he pretendido escribir una historia del movimiento cínico (que está hecha en el libro de D. R. Dudley) ni un estudio sobre la figura de Diógenes y su repercusión cultural (que está bien trazada en el erudito estudio de H. Niehues-Pröbsting), ni tampoco me he detenido en rastrear las huellas del cinismo en la literatura. Mi intención es muy modesta: invitar a leer, o releer, ese antiguo texto, tan afamado durante siglos, y sugerir algunas reflexiones en torno a esas pintorescas figuras, que en las historias de la filosofía ocupan un menguado espacio entre Sócrates y Zenón, el fundador de la Estoa. No tanto con afán de precisar detalles históricos, como por el gusto de subrayar qué divertidos y sagaces a su modo fueron. También el humor es un arma dialéctica, como se ve en esas anécdotas, que le acreditan un puesto de honor en la literatura filosófica.

Desearía, en cualquier caso, que este comentario resaltara la agudeza de esas falsas biografías y no enturbiara la diversión de esta lectura. Creo que este pequeño libro tiene una doble posibilidad: se puede comenzar leyendo mis páginas o se puede iniciar con la lectura de las del libro VI de Diógenes Laercio, para concluir con las de comentario. Aunque el resultado será seguramente el mismo, aconsejaría la segunda a quienes desconocen el texto de Laercio, y la primera a los demás.

Durante más de doscientos años, la única traducción castellana disponible y completa de Diógenes Laercio fue la realizada por J. Ortiz y Sanz. Fue una buena versión, aunque su léxico resulte en ocasiones algo obsoleto. En su día, yo mismo traduje para esta edición, como he dicho, el libro VI[1], al que le he puesto algunas notas, las que me han parecido oportunas o necesarias para entender mejor el texto. Como la nota bibliográfica, no tienen un propósito académico; sólo quieren resultar útiles al lector.

Me gustaría haber evitado el engolamiento y la pesadez, que tanto desdecirían del tema aquí tratado.

---

1. Entre tanto, he podido llevar a cabo una traducción completa de la obra que el lector interesado puede encontrar en esta misma colección: Diógenes Laercio, *Vidas y opiniones de los filósofos ilustres,* trad., introd. y notas de Carlos García Gual, 2.ª ed., Madrid, Alianza Editorial, 2013.

La secta del perro

1. El emblema de la desvergüenza

> *Desde aquí se perfila el sentido de la desvergüenza. Desde que la filosofía ya sólo es capaz de vivir hipócritamente lo que dice, le toca a la desvergüenza por contrapeso decir lo que se vive. En una cultura en la que el endurecimiento hace de la mentira una forma de vida, el proceso de la verdad depende de si se encuentran gentes que sean bastante agresivas y frescas («desvergonzadas») para decir la verdad. Los poderosos abandonan su propia conciencia ante los locos, los payasos, los cínicos; por eso deja la anécdota decir a Alejandro Magno que querría ser Diógenes, si no fuera Alejandro. Si no fuera el loco de su propia ambición, tendría que hacer de loco para decir a la gente la verdad sobre sí mismo. (Y cuando los poderosos comienzan por su lado a pensar cínicamente –cuando saben la verdad sobre sí mismos y, sin embargo, «siguen adelante»– entonces realizan al completo la* moderna definición del cinismo.*)*

P. Sloterdijk, I, 206

> *Hay en el burgués un lobo encerrado, que simpatiza con el filósofo perruno. Pero éste ve en el simpatizante en primera línea al burgués y le muerde siempre. Teoría y práctica están entretejidas inextricablemente en su filosofía y no da nada por una aprobación sólo teorética.*

P. Sloterdijk, I, 206

Para los griegos fue, desde antiguo, el perro el animal impúdico por excelencia, y el calificativo de «perro» evocaba ante todo ese franco impudor del animal. Era un insulto apropiado motejar de «perro» a quienes, por afán de provecho o en un arrebato pasional, conculcaban las normas del mutuo respeto, el decoro y la decencia. Al «perro» le caracterizaba la falta de *aidós,* que es «respeto» y «vergüenza». Simboliza la *anaídeia* bestial, franca y fresca.

Cuando en el canto I de la *Ilíada* Aquiles se enfurece contra Agamenón, que le ha arrebatado su cautiva con despótica desfachatez, le llama «revestido de desvergüenza», «cara de perro», y «tú que tienes mirada de perro» *(Il.* I 149, 159, 225). Agamenón, que sin el menor reparo ofende a sus aliados, merece el epíteto de «gran desvergonzado», un grave baldón para un jefe de las tropas y señor de pueblos.

Más adelante, en el mismo poema, la bella Helena se califica a sí misma de «perra» *(Il.* VI 344), al meditar cuán impúdicamente abandonó a su esposo al fugarse con Paris. Zeus, encolerizado contra Hera, no encuentra insulto más duro para su divina consorte que decirle: «no hay nada más perro que tú» *(Il.* VIII 483). (La desvergüenza de Hera reside en el escaso respeto que guarda a veces al divino Zeus.)

Entre los insultos que los dioses homéricos se aplican, sólo encuentro uno más fuerte: el de *kynámuia,* «mosca de perro», que Ares y Hera *(Il.* XXI 394, 421) le enjaretan a Atenea. A la impudicia del perro la mosca añade otros rasgos: es tozuda, repugnante y molesta. El actuar sin vergüenza a la manera bestial, pero sin la inocencia animal, justifica la equiparación con el perro, un grave insulto para dioses y hombres ya en los poemas de Homero.

La importancia de lo que los griegos llamaban *aidós* (vergüenza, respeto, sentido moral) para la convivencia cívica está bien subrayada en el mito de Prometeo y los humanos, tal como lo refiere el sofista Protágoras en el diálogo platónico de su nombre. Al final del relato mítico, cuenta que Zeus, apiadado de los hombres (a los que Prometeo ya había obsequiado el fuego, base del progreso técnico, pero aún carentes de capacidad política), envió al dios Hermes para que les repartiera a todos los fundamentos básicos de la moralidad: *aidós* (pudor, respeto, sentido moral) y *díke* (sentido de la justicia). Y Zeus le encargó muy claramente que a todos los humanos les dotara de tales sentimientos. «A todos, dijo Zeus, y que todos participen. Pues no existirían las ciudades si tan sólo unos pocos de ellos lo tuvieran, como sucede con los saberes técnicos. Es más, dales de mi parte una ley: que a quien no sea capaz de participar de la moralidad y de la justicia lo eliminen como a una enfermedad de la ciudad» (Platón, *Protágoras* 322 d).

La convivencia cívica encuentra, pues, según ese mito –que es una ilustrada alegoría–, sus apoyos básicos en la participación universal en el pudor y la justicia. (En el relato mítico se dice *díke*, pero el término más exacto es el de *dikaiosyne*, es decir, no la justicia como norma, sino el sentido de lo justo, como algo previo a su realización en normas legales.) Si los humanos carecieran de *aidós* y *dikaiosyne* la vida en sociedad sería demasiado salvaje y bestial, aborrascada por el egoísmo y la violencia. Si alguno no participara de esos sentimientos que definen al ser humano destinado a la convivencia, el consejo de Zeus, según Protágoras, es rotundo: que lo condenen a muerte. Al margen de esos sentimientos no hay vida civilizada.

Mucho antes, ya Hesíodo había subrayado que la justicia era lo que definía el ámbito de lo humano, en contraposición al mundo de los animales, que sólo conocen la ley de la fuerza y se devoran unos a otros. En el mundo de las bestias, señalaba, no hay otra *díke*. El halcón de la fábula devora al ruiseñor sin reparo ninguno *(Trab.* 203 y ss.). Al final del mito de las edades el mismo poeta, pesimista, profetizaba que tanto Aidós como Némesis abandonarían el mundo (íd. 190 y ss.).

La sociabilidad humana descansa sobre esos dos pilares; sobre ellos levanta la sociedad sus convenciones legales. Las leyes que encauzan los hábitos y regulan las pautas del comportamiento en un ámbito cívico son convenciones concretas y definidas históricamente, pero se sustentan en un reconocimiento universal de lo decente y lo justo, que caracteriza al hombre en tanto que humano. Eso es lo que Protágoras, en el diálogo de Platón, quiere decir. La educación se basa también en esos dos grandes sentimientos: el de la decencia y el de la justicia. Algo que los animales, los brutos, ignoran.

Y, dentro de los animales, parece que unos lo ignoran más que otros. En un extremo del dominio bestial están animales tan prudentes y civilizados como las hormigas y las abejas —no olvidemos que el atento Aristóteles también calificó a la abeja, como al hombre, de *zóon politikón,* «animal cívico»—. Disciplinadas, organizadas en comunidad, ejemplarmente laboriosas, las abejas son para algunos pensadores griegos un paradigma de civilidad. En el otro extremo, sin embargo, está el perro, pese a que no es una fiera salvaje, sino un compañero fiel del hombre, doméstico y domesticado. Pero el perro es muy poco gregario, es insolidario con los suyos, y está dispuesto a traicionar a la especie canina y pasarse del lado de los humanos, si con ello obtiene ganancias; es agresivo y fiero, o fiel y cariñoso, según sus relaciones individuales. Vive junto a los hombres, pero mantiene sus hábitos naturales con total impudor. Es natural como los animales, aunque convive en un espacio humanizado. Participa de la civilización, pero desde un margen de su propia condición de bruto. Uno diría que comparte con el esclavo –según la versión aristotélica– la capacidad de captar algo de la razón, del *lógos,* en el sentido de que sabe obedecer las órdenes de su amo, pero no mucho más. Es sufrido, paciente, fiero con los extraños, y se acostumbra a vivir junto a los humanos, aceptando lo que le echen para comer. Es familiar y hasta urbano, pero no se oculta para hacer sus necesidades ni para sus tratos sexuales, roba las carnes de los altares y se mea en las estatuas de los dioses, sin miramientos. No pretende honores ni tiene ambiciones. Sencilla vida es la vida de perro.

Quienes comenzaron a apodar a Diógenes de Sinope «el Perro» tenían muy probablemente intención de insultarle con un epíteto tradicionalmente despectivo. Pero el paradójico Diógenes halló muy ajustado el calificativo y se enorgulleció de él. Había hecho de la desvergüenza uno de sus distintivos y el emblema del perro le debió de parecer pintiparado para expresión de su conducta.

Predicaba, más con gestos y una actitud constante que con discursos y arengas, el rechazo de las normas convencionales de civilidad. Postulaba un retorno a lo natural y espontáneo, desligándose de las obligaciones cívicas. Exiliado en Atenas y en Corinto, asistía como espectador irónico al tráfago de las calles sin gozar de derechos de ciudadanía. No practicaba ningún oficio, ni se preocupaba de honras y derechos, no tenía familia y no votaba ni contribuía al quehacer comunitario. Deambulaba por la ciudad como un espectador irónico y sin compromisos, sonriente y mordaz. Mendigaba para sustentarse, aunque se contentaba con poco. Su cobijo más famoso fue una gran tinaja de barro («el tonel de Diógenes»), su ajuar un burdo manto y un bastón de peregrino. Diógenes llevaba una ociosa vida de perro en medio de la ciudad atribulada y bulliciosa.

Ya los sofistas habían señalado la oposición entre las leyes de la naturaleza y las de la convención: la *physis* frente al *nómos*. Diógenes lleva al paroxismo la contraposición y elige libremente atender sólo a lo natural. En su vuelta a la naturaleza, encuentra en los animales sus modelos de conducta. Se complace observando el ir y venir de un ratón que recoge sus alimentos alegremente y halla en el perro un buen ejemplo para un vivir despreocupado y sincero.

Diógenes se ha desprendido de las preocupaciones cotidianas que hacen a los hombres distintos a los animales, y con ello se ufana de conseguir la independencia y la libertad. Bajo la enseña del impúdico perro se yergue escandalizando a sus convecinos como un paradigma del auténtico hombre «natural». Busca, con su farol, un hombre de verdad; él se contenta con ser un hombre perruno, es decir, un *kynikós*. Sus secuaces aceptan el calificativo con orgullo: los cínicos procurarán imitar la

1. El emblema de la desvergüenza

anaídeia, la «desfachatez», y la *adiaphoría,* la «indiferencia», de Diógenes.

Está claro, sin embargo, que la actitud impúdica del cínico dista mucho de ser algo espontáneo y natural. Se trata, más bien, de una postura bien ensayada y asumida frente a los demás, una actitud no sólo agresiva, sino también defensiva, que no es tanto el final como el comienzo de una toma de posición crítica frente a la sociedad y sus objetivos. Esa *anaídeia,* que es «frescura, desfachatez y desvergüenza», se escuda en su indecencia y embrutecimiento para atacar los falsos ídolos y propugnar un desenmascaramiento ideológico. Es, ante todo, una carta de presentación para el desafío, con la provocación y el escándalo que invitan al reto. Cuando el cínico se niega a rendir homenaje a «lo respetable», lo que pretende es denunciar la inautenticidad de esa respetabilidad y sus supuestos, que los demás aceptan por costumbre y comodidad más que por razonamiento. Con sus gestos soeces y subversivos está contestando los valores admitidos en el intercambio social. Porque el cínico busca una revalorización de los hábitos, él quiere «reacuñar la moneda», como lo proclamaba Diógenes. Contra las vanas máscaras, las insignias y los prejuicios, el cínico se monta en una moral mínima, desembarazada de lastre, una ascética que conduce a la libertad y a la «virtud», a contrapelo de las pautas tradicionales.

La aparición del cinismo es un síntoma histórico. La silueta del cínico, con su tosco manto y su morral, se inscribe en un preciso contexto helenístico. En una época de crisis ideológica y moral se destaca el desvergonzado y mordaz Diógenes paseando por el ágora con su farol en pleno día en busca de un hombre. Ya va promediado el siglo IV a. C., mientras Alejandro ha sometido un vasto imperio, cuando en la Atenas vocinglera y desilusionada se extiende la fama de ese Perro cuya independencia rivaliza con la de los dioses. Como en otros momentos, la aparición de estos tipos y sus prédicas es un síntoma manifiesto del malestar en la civilización y el rechazo de una cultura que denuncian como represora y retórica. Se parecen a los *hippies* y *beatniks* de tiempos cercanos, más que a los viejos *clochards*.

El cínico denuncia, no con hermosos discursos, sino con zafios y agresivos ademanes, el pacto cívico con una comunidad que le parece inauténtica y perturbada, y prefiere renunciar al progreso y vagabundear por un sendero individual, a costa de un esfuerzo personal, con tal de escapar a la alienación. Prefiere tomar como modelo a los animales sencillos que andar embrutecido en el rebaño doméstico, adormilado por las rutinas y convenciones de la gran ciudad. Así se empeña en un arduo ascetismo hacia la libertad.

Reivindica el valor del esfuerzo –que en griego se dice *ponos*–. No el del trabajo, por lo que éste tiene de integración y alienación; sino el ejercicio de la sobriedad y el endurecimiento de la sensibilidad frente a las tentaciones del confort y el lujo, que no rechaza por pecaminosos, sino por costosos; ya que suelen comprarse a costa de sumisión. Actúa con una audacia personal que a los demás les parece desvarío y locura. Platón define a Diógenes como un «Sócrates enloquecido». El cínico Mónimo obtiene su libertad haciéndose pasar por loco, arrojando al aire las monedas de plata de la banca donde trabajaba, un gesto surrealista, alegre, memorable. Crates renuncia a sus riquezas para irse de vagabundo filosófico. La indiferencia frente a lo que otros consideran los mayores bienes, como el honor y el dinero, margina al cínico, como a un animal feliz, de las feroces competiciones por esos bienes.

No es natural que el hombre quiera ser feliz como un perro. Tras esa proclama se alberga un programa ético claro y revolucionario. Como se dirige sólo al individuo consciente y no a la masa, no es un motivo grave de preocupación para los políticos. La revolución moral y la subversión que propone el cínico es sólo para unos cuantos, algunos *happy few,* marginales y audaces, pues los más son incapaces de la filosofía e inaptos para la vida cínica, que es alegre pero dura. Hay algo de deportista espiritual en el cínico; y su relación con la cultura mantiene cierta ambigüedad, como comentaremos luego. No busca, al modo rousseauniano, sólo la inocencia feliz del buen salvaje; es crítico, austero y anárquico.

Como fenómeno histórico el cinismo griego está determinado por la crisis definitiva de la polis como comunidad libre y autárquica. La destrucción de la polis como marco comunitario independiente y autónomo significó una enorme conmoción espiritual. Después de Filipo y de Alejandro Magno, el poder en las ciudades helénicas quedaba al arbitrio del caudillo militar que, con sus ejércitos mercenarios y la ayuda de la caprichosa Fortuna, lograra el dominio real. ¿Cómo seguir creyendo en los venerables lemas de la ideología democrática? ¿Cómo aún seguir confiando en la custodia de los antiguos dioses? ¿Cómo confiar en las instituciones mancilladas y pervertidas de una ciudad sumisa a los tiranos y asediada una y otra vez? La libertad y la autarquía perdidas por la comunidad sólo podían recuperarse, en el mejor de los casos, para el individuo, si encontraba un recurso inteligente para escapar a tanta opresión y falsía. No cabía una salvación política, tan sólo un salvavidas personal para el naufragio; para escapar del azar y la violencia, y reírse de la *Tyche*.

Cuando la libertad de palabra en la ciudad se vio prohibida por la sumisión al monarca de turno, el cínico reivindicó, a título personal, la franqueza más absoluta, la *parresía;* cuando se prohibió que las comedias se burlaran de individuos por su nombre, la sátira de los cínicos agudizó sus ataques contra todos; cuando en la corte se impuso el gesto de la humillación total ante el soberano, la *proskýnesis,* se recordó el ademán displicente con que Diógenes había mandado a paseo al gran conquistador, a su paso por Corinto; en un mundo sometido al terror, la humillación y el desatino, sólo el sabio que de casi nada necesitaba pudo proclamarse libre y feliz.

Como indicaba E. Schwartz:

> El ideal de una existencia sin necesidades, que en tiempos de Diógenes pudo parecer una originalidad, adquirió una terrible eficiencia cuando las guerras de los Diádocos, con sus catástrofes destructoras, cayeron sobre las ciudades helénicas, y nadie estuvo ya seguro de que una buena mañana no se encontraría en el caso de tener que acogerse a una vida de perro, de la que antes se había mofado. La doctrina de la indestructible libertad del individuo, que una generación antes era todavía una paradoja, convirtióse ahora en un consuelo, que para muchos helenos no era ya paradójico ni trivial.

1. El emblema de la desvergüenza

La desconfianza en la sociedad y en los beneficios del progreso cultural se compensa con un cierto optimismo respecto de la naturaleza del individuo para alcanzar, mediante su esfuerzo sagaz, la verdadera excelencia y, con ella, la felicidad.

La vía de la verdadera excelencia, de la independencia respecto del mundo entero, excelencia e independencia que puede conseguir todo aquel que se lo propone, consiste en no dejarse dominar por nada, por ningún contratiempo, ni por el hambre, la sed y el frío, ni por el dolor físico, la pobreza, la humillación o el destierro, sino ver en todo ello una mera ocasión de probar la propia fuerza moral y de voluntad, ocasión de endurecimiento *(kartería)*, de «ascesis» en sentido corporal y anímico. La libertad de voluntad y acción está dada a todo el mundo. Ése es el abrupto sendero por el que se yerguen las grandes personalidades históricas, como Ciro el Viejo, que Antístenes había propuesto como modelo en su escrito. Esta confianza en la voluntad humana tiene como presupuesto una concepción optimista del ser del hombre desde el punto de vista moral. Y cuando Antístenes declara que la ciencia más importante es la de «desaprender el mal», parece indicar que el individuo es bueno por naturaleza y asimila el mal por influencia de la cultura; lo único que tiene que hacer, por consiguiente, es volver a su vida natural.

Estas líneas de W. Nestle parecen destacar lo esencial de esa actitud: desconfianza en la cultura y confianza en la naturaleza humana, afín a la naturaleza animal. Al margen de la historia y la civilización el animal goza de una dicha natural. También el hombre puede intentar esa vuelta a lo natural, ejercitándose en vivir según la naturaleza, que en él no es instinto, sino razón. Para ello necesita unas pautas morales; bien sencillas son las que propuso Diógenes, apodado el Perro, un «sabio» escandaloso y procaz.

El gran beneficio que Diógenes confiesa haber sacado de la filosofía es «el estar preparado contra cualquier embate del azar», según recoge Diógenes Laercio en VI 63. Esa decisión y valentía para combatir contra la *Tyche* es una de las bazas del cinismo (cf. sobre este tema, los fragmentos recogidos en Giannantoni, o. c., III 471). La lucha contra las inclemencias de la voluble Fortuna, que en la época helenística fue temida como una poderosa y arbitraria divinidad –que reemplazaba en el espacio vacante por su deserción a los antiguos dioses de la polis–, ocupa también un lugar importante en las doctrinas de los epicúreos y los estoicos. El miedo o los recelos ante el curso azaroso de la existencia es la mayor amenaza contra la autosuficiencia del sabio. La *apátheia* o *ataraxía*, impasibilidad o imperturbabilidad del ánimo frente a los vaivenes del azar, son escudos para ese combate. También lo es la indiferencia hacia la mayoría de los supuestos beneficios de la civilización, que pueden desaparecer en cualquier turbulencia.

De modo que, al reducir las necesidades materiales a un mínimo, al renunciar a los refinamientos para buscar sólo lo natural, lo rudimentario, lo animal, el cínico deja muy breve asidero a la *Tyche,* incapacitada para regatearle ese mínimo sustrato de su dicha. El primitivismo del cínico, un precursor de Rousseau en algunos aspectos, es un despojamiento voluntario de lo accesorio con vistas a asegurarse la independencia y total libertad. (Cf. A. O. Lovejoy, *Primitivism and related Ideas in Antiquity,* Nueva York, 1965, especialmente los capítulos III : «Naturaleza como norma», y IV: «Primitivismo cínico».) Pero también tiene sus riesgos el extremar esa postura. Entre las anécdotas acerca de la muerte de Diógenes, una dice que murió por las mordeduras de los perros, y otra, más interesante que fue al no poder digerir los trozos del pulpo que había comido crudo. Rechazar lo cocido –uno de los beneficios del fuego civilizador de Prometeo– es un signo de renuncia a lo civilizado; pero la carne cruda, que un perro digiere bien, puede resultar mortífera para un hombre viejo, como el empecinado Diógenes.

2. Antístenes, el precursor

> *El sabio seguirá el cinismo, porque es un atajo del camino a la virtud, según Apolodoro en su* Moral. *Sólo él es libre, los hombres vulgares son esclavos.*
>
> Diógenes Laercio, VII, 121

Como señala W. K. C. Guthrie, Antístenes resulta una figura puente entre la sofística y algunos escritores postsocráticos. Había sido discípulo del brillante Gorgias, y conservó toda su vida el interés por la retórica; enseñaba cobrando a sus discípulos una cantidad acordada de antemano, como los sofistas; y los títulos de sus numerosos escritos indican la variedad de sus conocimientos y preocupaciones. Lamentablemente hemos perdido todas sus obras, pero la larga lista de nombres recogida por Diógenes Laercio es por sí misma bastante significativa. Al hacerse discípulo de Sócrates debió de sufrir algo parecido a una conversión, como la de quien por fin ha encontrado la senda segura de la perfección moral, y parece haber profesado a éste una devoción asidua y cordial. De Sócrates tomó Antístenes algunos de los trazos fundamentales de su ética y su ascética: el anteponer a todo lo demás el cuidado del alma, el menosprecio de los bienes de fortuna, el afán por el diálogo, la crítica a los políticos y demagogos, etc.

Platón lo menciona una sola vez. En el *Fedón* lo cita entre los compañeros de Sócrates en sus últimas horas, testigo mudo en el diálogo sobre la inmortalidad del alma que el viejo maestro mantiene con los pitagóricos Simmias y Cebes antes de beber la cicuta. En aquella ocasión inolvidable, al lado del buen Critón y de los íntimos discípulos, allí estuvo Antístenes. (Faltaban en cambio el hedonista Aristipo, al que acaso la escena le pareciera demasiado penosa para asistir a ella, y el propio Platón, que estaba enfermo.) Cada uno de los socráticos aprendió del ágrafo y estimulante maestro lo que más convenía a su propio carácter y talento. La imagen que Antístenes suscribió fue parecida a la que percibimos en los textos de Jenofonte *(Memorables, Banquete* y *Apología),* la de un pensador ejemplar, fundamentalmente un irónico moralista, asceta y crítico.

Conocemos muy poco de la obra de Antístenes para emitir un juicio sobre su valía intelectual. Entre los que lo han hecho, unos lo consideran como el auténtico heredero de Sócrates y el último miembro de la Gran Generación (así ya Grote y K. Popper), y otros una mala copia del maestro, una figura un tanto limitada y proclive a la rigidez, más atenta a lo formal que a la genuina búsqueda de la verdad mediante la continua inquisición. Está claro que tanto Platón como Aristóteles tuvieron hacia Antístenes un recelo no exento de desdén. Es interesante señalar que él escribió diálogos socráticos antes que Platón –aunque nos figuramos que poco en común tendrían con los sutiles coloquios de su condiscípulo, diecisiete años más joven–, y suponemos que sus obras debieron perderse pronto.

Antístenes no fundó propiamente una escuela, aunque tuvo discípulos que mantuvieron sus tesis lógicas, ya que Aristóteles cita a los «antisténicos». Daba lecciones en el gimnasio de Cynosarges, en las afueras de la ciudad, un lugar frecuentado por atenienses de origen dudoso y metecos y extranjeros (cf. Demóstenes 23, 213, que indica que tal gimnasio estaba asignado a los bastardos). Pero no trató de establecer un centro de enseñanzas encaminadas a proveer a los jóvenes de una formación superior y filosófica, como fueron luego la Academia platónica o el Liceo de Aristóteles. Se interesó en la educación y la retórica, como ya señalamos, y comentaba a los poetas, adoptando la exégesis alegórica de algunos mitos. Nos queda una frase suya en la que podemos percibir un eco de Gorgias y de Sócrates «el fundamento de la educación es la investigación de las palabras».

No fue un «cínico» en el sentido estricto del término, aunque Diógenes Laercio nos lo presente, siguiendo pautas de otros eruditos helenísticos, como el fundador de la secta cínica. Fue, en todo caso, el precursor de Diógenes el Perro, y el eslabón que une a éste con el socratismo.

El caso es que tanto en torno a Antístenes, como a Diógenes, se fabularon pronto una serie de anécdotas y de dichos agudos que hacen muy difícil discernir qué hay de cierto en lo relatado sobre sus vidas. Así, por ejemplo, la noticia de la bastardía de Antístenes, hijo de una esclava tracia, que le sirve a Diógenes Laercio para referirnos un par de anécdotas ingeniosas. Ignoramos qué fundamento real tendría, ya que ni Platón ni Aristóteles ni Jenofonte aluden a ello. También de otros personajes se mencionan chismosas invenciones acerca de sus madres para desacreditarlos. (Así, de Eurípides se contaba que la suya había sido una verdulera, sin ningún fundamento.) Quizá esté conectado el tema con el que el filósofo enseñara en el gimnasio de Cynosarges, quizá depende de fuentes de alguna solvencia, o quizá surge de algún relato malinterpretado. Pero el desprecio por la nobleza de sangre encaja bien en el ideario de un pensador proclive al cinismo. La pureza de sangre y la noble cuna eran para él, sin duda, algo indiferente, puesto que ni la una ni la otra significan nada frente a la virtud auténtica, que el sabio manifiesta en sus hechos. Sócrates era de familia humilde, pero un ateniense cabal por ambos lados; Antístenes podía sobrepasarle en esto, siendo hijo de una esclava. Tal infundio pudo servir a quienes observaban en sus escritos que tanto los bárbaros como los griegos ofrecían ejemplos de virtud, y que la nobleza de alma quedaba desligada de la ciudadanía ateniense. (Que, en cualquier caso, no se le discute; su padre se las habría ingeniado para colar a su bastardo en las listas de los ciudadanos legítimos.)

Hubo, por parte de algunos historiadores antiguos de la filosofía, un empeño claro de situar a Antístenes en la cabecera del cinismo, y en establecer así una sucesión de figuras filosóficas que enlazaran a Sócrates con el estoicismo, en una serie clara: Sócrates-Antístenes-Diógenes-Crates-Zenón. Al tiempo que se ofrecía una continuidad de la tradición escolar se postulaba así la consideración del cinismo como una escuela socrática, infundiéndole una dudosa coherencia y un programa intelectual amplio.

No encontramos en Antístenes los trazos agresivos del cínico, al que Diógenes de Sinope ofrecerá una silueta definitiva. Ni la desvergüenza radical ni la indiferencia absoluta respecto a los criterios valorativos cívicos ni la feroz *parresía* («libertad de palabra») adquieren en él el sentido provocador de que hará gala Diógenes, «un Sócrates enloquecido». Pero lo cierto es que los cínicos desarrollaron hasta el extremo rasgos que están, con una moderación previa, en el discurso de Sócrates. Así en el *Banquete* de Jenofonte (c. 8), Antístenes, que no tiene un óbolo, elogia la verdadera riqueza, la del alma, afirmando que la otra no sirve para nada. También desprecia los placeres, y llega a proclamar una y otra vez que prefiere ser dominado por un delirio que por el placer.

Elogia el esfuerzo, como el camino que lleva a la virtud. Indudablemente, ese menosprecio de la *hedoné* y aprecio del *ponos* como medio para alcanzar la *areté* tenía precedentes en la ética tradicional; es una pauta heroica, ejemplificada en Heracles. (En un famoso apólogo mitológico, el sofista Pródico comentaba la elección de Heracles en la encrucijada, cuando vinieron a su encuentro en forma de bellas muchachas la acicalada figura de la Voluptuosidad y la austera de la Virtud, y el héroe prefirió el rudo camino indicado por ésta.) Antístenes se resignaba a una vida sin grandes riquezas, moderada y austera; pero no vivía en la miseria ni mendigaba. Cobraba sus lecciones, y alejaba a quienes no podían pagarle «con un bastón de plata». Fue a la guerra a combatir por su patria y se portó heroicamente en la batalla de Tanagra.

2. Antístenes, el precursor

Andaba mal vestido con un manto agujereado, y estaba habituado a un régimen muy frugal, pero no despreciaba acudir a un banquete cuando estaba invitado, como el mismo Sócrates.

Socráticos son también su aprecio por la educación, su búsqueda de la virtud y su crítica a la demagogia en que había caído el régimen democrático de Atenas. En todos estos rasgos está próximo a los estoicos, más cercano a Zenón que al agresivo Diógenes. Las anécdotas que hablan del encuentro de uno y otro revelan bien el recelo de Antístenes ante los paroxismos de su no querido discípulo.

Claramente se presenta Antístenes como precursor de cínicos y estoicos en la proclama repetida de la autosuficiencia del sabio para la felicidad, que sólo depende de su propio saber y virtud. Esa insistencia en la *autárkeia* del individuo, frente a la fortuna inconsciente, caracteriza la prédica filosófica de este socrático que vio en Heracles el ejemplo heroico del valor moral y en Sócrates al mejor maestro de virtud.

> Sus temas favoritos –dice Diógenes Laercio, en VI, 11– eran éstos: Que es enseñable la virtud. Que los nobles no son más que virtuosos. Que la virtud es suficiente por sí misma para la felicidad, sin otro apoyo más que la fortaleza socrática. Que la virtud está en los hechos, y no necesita ni largos discursos ni muchos conocimientos. Que el sabio es autosuficiente, pues los bienes de los demás son todos suyos. Que la impopularidad es un bien y vale el esfuerzo. Que el sabio vivirá no de acuerdo con las leyes establecidas, sino de acuerdo con la de la virtud.

La *adoxía,* «mala fama» o la «impopularidad», es un bien, según Antístenes. Sócrates estimaba, según apunta Platón en varios textos, que la opinión de la mayoría no era una norma que mereciera el respeto, ya que la *dóxa* no era algo estable ni fundado en la razón. Pese a que en las instituciones democráticas esa opinión mayoritaria es lo decisivo, Sócrates ponía a sus discípulos en guardia contra la tiranía de unas gentes irresponsables por su apasionamiento o su ignorancia. El sabio debe guiarse por su propia razón y no por opiniones ajenas, como ya desde Heráclito habían dicho los filósofos, que, más que atenerse a la *dóxa,* preferían la «paradoja», el situarse al margen de la opinión *parà dóxan*. Pero también aquí Antístenes avanza algo más, al afirmar que la *adoxía* es un bien *(agathón),* como lo es el esfuerzo *(ponos)*.

Recordemos que la moral tradicional griega se basa en la aprobación que el triunfador recibe de la colectividad. La *areté* tradicional está recompensada por el prestigio ante la comunidad que ensalzaba y premiaba con la «buena fama», la *eudoxía,* al que ha destacado por su valer. Se trata de una moral basada en la competencia continua, y de la idea misma de que la *areté* va unida a la excelencia o superioridad. No se premia el ser bueno, sino el ser mejor que los demás. Y esa «virtud», generalmente unida a la noción de éxito o triunfo, atrae hacia quien se destaca por ella un resplandor de gloria, que coincide con el aplauso y la admiración y el elogio de todo un pueblo. El «sabio», que ahora se propone como ideal de conducta, no sólo prescinde de esa aprobación colectiva, sino que, según Antístenes, la desprecia. Su impopularidad puede ser un test de su virtud, paradójicamente. Va contra corriente, desdeñoso de los aplausos y censuras de la muchedumbre. El divorcio entre la moral del sabio y la de la gente queda ya de manifiesto. Cuando Antístenes afirma que sólo la virtud es lo importante, está sobreañadiendo que todo lo que los otros consideran bienes, como la belleza, la salud, las riquezas, son cosas que el sabio aprecia en muy poco; son cosas «indiferentes». Esa indiferencia del sabio es la característica de los cínicos.

Encontramos en Antístenes explícita la propuesta de presentar como ejemplo ético la figura del «sabio», que encarna el ideal de la vida filosófica. La figura del *sophós,* presentada con matices un tanto diversos, será una pieza esencial en las éticas de las escuelas helenísticas; tanto estoicos como epicúreos nos darán su versión de ese modelo ideal, en cuyo trasfondo se perfila una silueta socrática. La sabiduría que se busca es más práctica que teórica («la virtud se expresa mediante los hechos»), y es ante todo moral («la virtud no necesita de muchos discursos ni de larga doctrina»). No son los muchos conocimientos los que definen al sabio, sino ante todo el temple de su ánimo. El conocimiento más necesario es el de desaprender los vicios. El beneficio del aprendizaje filosófico es la mayor capacidad para conversar uno consigo mismo. Ese *homileî heautôi* es un hermoso lema, dentro de esta ética para el individuo.

Esa moral de la autosuficiencia, que Antístenes inaugura y que será de enorme trascendencia, es la respuesta del filósofo a unos tiempos duros, de feroces crisis políticas y de cambios sociales. El filósofo se resigna a buscar en sí mismo su dicha, y así se hace la ilusión de ser libre en un ambiente donde la libertad está abolida y sometida a la violencia y la demagogia. Es interesante observar que incluso Antístenes, escritor de tantos libros y sobre tantos temas, haya insistido en que lo esencial es la virtud austera y la fortaleza del ánimo. Tanto los estoicos como los epicúreos lo reconocerán también. Los cínicos darán a todo esto un perfil más acerado, a través de la palabra cáustica de Diógenes y sus gestos escandalosos. Antístenes no temía la *adoxía;* pero Diógenes irá a buscarla. Antístenes no consideraba un mal terrible a la pobreza; Diógenes se instalará en la miseria. Si Antístenes va algo más allá de Sócrates, luego Diógenes dará expresión rotunda a los preceptos de Antístenes, exagerando su desafío a las convenciones de la ciudad.

Tras la pérdida de los textos, es imposible evaluar la capacidad literaria de Antístenes. Consideramos, sin embargo, mérito suyo el haber introducido a la par que la figura ejemplar del sabio, dos personajes singulares como modelo de conducta: el persa Ciro y el heroico Heracles, para representar un prototipo de la *areté* buscada. A Ciro le dedicó cuatro obras, según el catálogo de Diógenes Laercio, y a Heracles tres. En la figura del rey persa podemos suponer que destacaría la rectitud y la austeridad del gobernante ideal, frente a las tentaciones del poder absoluto y los placeres cortesanos. Probablemente trataría en estos libros perdidos de la educación del príncipe, como lo hará Jenofonte en la *Ciropedia,* señalando el feliz resultado de una buena *paideía* sobre una noble *physis*. Idealizado, Ciro el Grande resultaba un magnífico rey para aquellos persas que aprendían ante todo dos cosas: a disparar el arco certeros y a decir siempre la verdad. Que un bárbaro pudiera presentarse como ejemplo de nobleza, austeridad y buena educación a los griegos resulta significativo de la perspectiva pedagógica de Antístenes.

Pero aún más lo es el que adoptara al superhéroe Heracles como arquetipo del esforzado filósofo. Dejando a un lado algunas características tradicionales del héroe, como su brutal apetito y su desenfrenada sexualidad, ya otros pensadores del siglo V habían visto en el magnánimo héroe al héroe trágico por excelencia, ensalzado por su constante esfuerzo, peregrino ascético y solitario filántropo. En la idealización del héroe había actuado también la interpretación alegórica (que, sin duda, también practicaba Antístenes). El bizantino Suidas recoge un texto claro al respecto, que remonta a Herodoro de Heraclea, un historiador de finales del siglo V, que dice así:

> A Heracles, hijo de Alcmena, la historia lo acredita de filósofo y lo representa vistiendo una piel de león, llevando una maza y sosteniendo tres manzanas. (Las manzanas de las Hespérides.) Refiere el mito que ganó las tres manzanas matando al dragón con su maza, esto es, venciendo al serpenteante razonamiento de los malos deseos con la maza de la filosofía, vestida en la meditación como en una piel de león. Y así, tras haber matado con su maza a la serpiente del deseo, tomó las tres manzanas, es decir, las tres virtudes: no enfurecerse, no amar las riquezas, no amar el placer. Por medio de la maza de la filosofía y de la piel de león de la razón audaz y templada venció el veneno de los malos deseos y practicó la filosofía hasta su muerte.

He aquí un ejemplo de esa interpretación alegórica que daba a los viejos mitos un sentido moral a la altura de los tiempos. Del forzudo Heracles mediante esa sutil reinterpretación surgía el santo estoico, el máximo representante de la vida esforzada, en cuya vida el *ponos* era el instrumento de la virtud; una virtud, *areté,* que aunaba la resistencia, *kartería,* la benevolencia hacia los hombres, *eúnoia* y *philanthropía,* con la austeridad de una vida de vagabundo atlético, armado tan sólo de la piel de león y de la maza, como un anticipo del cínico mendicante, vestido sólo con su burdo manto y su bastón de viaje.

Heracles no fue un héroe guerrero, como los de la vieja épica, sino que se enfrentaba a sus duras tareas solitario y resuelto, «sencillo, sin tapujos, capaz de las mayores empresas, enfocando todo su saber a la acción, desprovisto de palabrería» (frg. 474 Nauck, atribuido al *Licimnio* de Eurípides). Ya Pródico lo había presentado –en su famoso apólogo de «Heracles en la encrucijada»– como el prototipo de la vocación heroica. Quizás a Heracles se aplicaban esos versos trágicos que el cínico Diógenes adoptó para describirse a sí mismo: «Sin ciudad y sin casa, privado de patria, mendigo errante, busco mi sustento día a día» (Diógenes Laercio VI 38 = *Frg. Adesp.* 284 Nauck). Los estoicos prosiguen la glosa de la figura de Heracles idealizado como «el mejor de los hombres», *áristos andrón.* «Hércules no conquistó nada para sí. Pasó por el mundo sin apetecer nada, sino juzgando las cosas que debía conquistar: enemigo del mal, campeón del bien, portador de la paz a la tierra y al mar.» (Séneca, *De ben.* I, 13, 3.) En la misma línea de

2. Antístenes, el precursor

pensamiento, Epicteto (III, 24, 13-16) desarrollará aún más el comentario.

Heracles era el héroe patrón del gimnasio de Cynosarges en el que, según noticias, enseñaba Antístenes. Allí estaba su estatua; el musculoso campeón de la lucha adoptaba un gesto noble y sufrido, como el atleta que sabe que tras el triunfo le aguardan nuevos combates, y que el premio es efímero y el entrenamiento penoso y cotidiano. Los cínicos insistirán en que el entrenamiento es necesario para la práctica de la virtud, y para que el obrar virtuoso sea un hábito. De modo que la imagen del atleta venía muy bien para la prédica moral, con añadir después que la ascesis importante no es la del cuerpo, sino la del alma, porque lo que importa, en definitiva, no es la fortaleza física, sino la anímica. Ejemplo supremo de vigor y fuerza, *ischýs,* era Heracles tanto en uno como en otro plano.

Al menos desde esa interpretación de la que estamos hablando. Para G. Murray ahí tendríamos un estupendo ejemplo de esa reacuñación de los valores, esa *paracharáxis,* que Diógenes el Cínico se proponía como meta de su filosofar. El tradicional patrón de los atletas se transformaba en patrón de los filósofos del manto raído y el desarraigo. También Diógenes escribió un tratado sobre Heracles, tal vez en forma de paratragedia, probablemente un opúsculo de intención didáctica.

Sabemos que en el *Heracles* de Antístenes el héroe aparecía junto al centauro Quirón, mítico educador de héroes –como Aquiles y Jasón–, y escuchando los consejos de Prometeo, otro famoso y trágico filántropo quien le aconsejaba atender a lo que está por encima del hombre para así captar el valor de lo humano: elevar su mirada por encima de lo terreno para así actuar de modo más noble. Tanto en uno como en otro encuentro podemos pensar que los consejos éticos respondían al ideal heroico de una moral superior, por encima de la ética cívica, una moral individualista y universal. El rudo y tenaz atleta, hijo de Zeus y de una mortal, el bastardo y desposeído Heracles se transformó, moralizado, en el patrón del cínico vagamundo, a sugerencias de Antístenes.

Por azar se nos han conservado dos breves textos de Antístenes: dos piezas retóricas, que en su estilo recuerdan a Gorgias (y en especial a su *Elogio de Palamedes*), pero que contienen ideas características del precursor del cinismo. Son dos discursos puestos en boca de Áyax y de Ulises, en el famoso episodio del «juicio de las armas» de Aquiles, que los aqueos decidieron entregar al mejor de los héroes. Cada uno de los caudillos expone sus méritos y critica al otro. El episodio había sido tratado ya en la épica y la tragedia (por Sófocles y Eurípides). Áyax era el paladín de corte arcaico, el guerrero impávido fiado en su fuerza y su coraje, inflexible y firme en el ataque tras su enorme escudo. Ulises era el combatiente astuto y dispuesto a todo para obtener la victoria. El primero había rescatado con su valor el cadáver de Aquiles; el segundo había entrado en Troya disfrazado y nocturno para robar el talismán protector y había ideado el medio de conquistar la ciudad (con el famoso caballo de madera). Frente al orgulloso y arcaico Áyax, Ulises habla como un héroe *polýtropos* («de muchos recursos»), luchador independiente y sabio, capaz de arrostrar la afrenta con tal de lograr la victoria. Merecidamente, en esa contraposición, iba a obtener el premio como digno heredero de Aquiles. Frente al aprecio por la figura monolítica de Áyax contra el taimado Ulises, que encontramos en Píndaro y los trágicos, el discípulo de Gorgias prefiere a éste, que encarna un nuevo tipo de héroe, sufrido y autárquico.

> Frente a los nostálgicos de los ideales de la época arcaica –señala L. Gil (p. 61)–, un nuevo tipo de héroe humano venía a ocupar el puesto del héroe aristocrático. La virtud moral reemplazaba a la fuerza física, la reflexión al coraje, la filantropía al egoísmo, el desprecio de la *dóxa* a la sed insaciable de fama. Ulises, como el poeta que le cantara, a los ojos del precursor del cinismo, encarnaba la figura del sabio. El Áyax de los poetas, injustamente tratado por el destino, perdía sus contornos trágicos para convertirse en el prototipo del hombre que por sus defectos se desliza por la pendiente de su propia ruina.

Como Heracles, Ulises se enfrentaba a los *pónoi* de un largo peregrinar con ánimo audaz y armado ante todo con su saber.

Ciro, que por sus méritos había llegado desde un origen muy humilde al trono imperial de Persia; Heracles, esforzado y austero peregrino, filántropo vencedor de monstruos, y el muy astuto y sufrido Ulises, que con su ingenio triunfó de los mayores apuros, eran tres paradigmas representativos en esa ética de trazos sobrios que señalaba el ascetismo como el mejor camino a la virtud, objetivo arduo que en sí mismo conllevaba su premio y recompensa. La ética constituía el verdadero núcleo de esa filosofía, con menosprecio de los conocimientos meramente teóricos o científicos, esos *enkyklia mathémata,* que son un adorno accesorio y acaso superfluo de la personalidad.

Antístenes tiene un enorme aprecio por la educación, la *paideía,* que constituye «la más bella corona» para la vida y es para el alma lo mismo que la gimnasia es para el cuerpo; la educación es mucho mejor que la riqueza y diferencia a los que la tienen de los otros que viven como sonámbulos. Pero hay que escribir los conocimientos en el alma y no en los cuadernos de notas (Diógenes Laercio, VI, 5), para que no se pierdan. Son los bienes que sobrenadan con uno en cualquier naufragio. Para esa educación los ejemplos de esas figuras virtuosas, que muestran una autosuficiencia cercana a la del *sophós* o el auténtico filósofo, constituyen unas ilustraciones memorables. Ésos son los que viven «según la ley de la virtud», muy por encima del vulgo. La educación está destinada a formar individuos tan firmes y nobles como esos modelos, aunque no se esfuercen para lograr la fama, sino por mantener su sabia y austera independencia en las circunstancias variables de la vida en una comunidad desasosegada. Como Sócrates, Antístenes criticaba la democracia de su tiempo, por la irresponsabilidad del pueblo y la demagogia de los políticos, en una ciudad que no sabía distinguir a los buenos de los malos y donde los cargos no se elegían de acuerdo con los méritos reales. Sin embargo, Antístenes no renunciaba a sus deberes cívicos, aunque se distanciase de la política efectiva. «Hay que acercarse a ella –frg. 70 G– como al fuego, no demasiado, para no quemarse, ni apartarse mucho, para no helarse.»

2. Antístenes, el precursor

Como se ve por la larga lista de títulos recogida por Diógenes Laercio, las obras de Antístenes eran variadas y numerosas, de modo que no era injustificado el calificativo de «charlatán universal» *(pantophyès phlédon)* que le adjudicó el satiricón Timón (Diógenes Laercio VI, 18). En diez secciones (en griego *tómoi)* se nos dan sesenta y un títulos, aunque algunos parecen repetirse. Algunos de estos escritos eran tratados breves y cuestiones de retórica, otros tenían la forma de diálogos, como el *Alcibíades,* la *Aspasia,* el *Heracles mayor,* el *Ciro menor,* el *Político,* el de *La Verdad,* etc.; algunos tenían forma de discursos, y otros de sermones o «diatribas», del tipo que luego será corriente entre los cínicos y los estoicos.

No podemos entrar aquí en un análisis de su temática ni en los problemas minuciosos de esos escritos, perdidos por completo. (Remitimos al libro de Patzer, *Antisthenes,* 1970, o a las excelentes páginas en que G. Giannantoni resume la cuestión, o. c., III, pp. 215-230). Especialmente interesante resulta que todavía en ese catálogo aparece una obra titulada *Perì phýseos,* «Sobre la naturaleza», de la que, por Filodemo, conservamos una notable sentencia: «Dice Antístenes en su *Sobre la naturaleza* que por convención *(katà nómon)* hay muchos dioses, pero por naturaleza *(katà physin)* hay uno solo». Otros autores (Cicerón, Lactancio, Clemente de Alejandría) se hacen eco de la frase, y añaden que a ese dios único no se parece nada y nada podemos saber de él por medio de imágenes, según Antístenes (resumido por Clemente de Alejandría). El contenido del tratado, en dos libros, no era naturalista, al modo de los presocráticos, sino que insistía en la oposición entre *physis* y *nómos,* como la de *alétheia* frente a *dóxa,* atacando con ello la religión popular y oficial, sus ritos y mitos, en la línea ilustrada de la sofística. Me parece muy atinada la observación de Giannantoni:

> Un Antístenes «teólogo», en el sentido al menos en que hablaron de él Dümmler y Joël, no es más que una invención. Y tampoco parece aceptable la tesis de W. Jaeger, quien coloca las ideas de Antístenes en el proceso de formación del concepto de teología natural (tal cual lo concibieron, a través de Varrón, los padres de la Iglesia). La referencia más verosímil de estas tomas de posición es la polémica contra la *dóxa* y contra el *nómos* (o. c., III, 227-228).

En tal sentido Antístenes marca ya la posición que los cínicos adoptarán en materia religiosa: un vago teísmo natural y una desconfianza burlona hacia las religiones positivas y convencionales, con sus muchos dioses, y sus ceremonias que para el cínico carecen de sentido, como tantos otros ritos cívicos.

No sabemos qué fundamento encontraba Antístenes a esa fe en un dios único por naturaleza, un dios muy abstracto, ya que no se le asemeja ninguna imagen de las formadas por los humanos. Acaso, como luego dirán los epicúreos, el fundamento gnoseológico, para tal creencia sería el consenso universal sobre la existencia de algo divino y la «evidencia», *enárgeia,* de esa presencia de dios en el mundo. Los cínicos usan también el plural «dioses», por ejemplo, para decir que los sabios son amigos de ellos. ¿Un uso metafórico? Precisar más es difícil, por lo escaso de los textos al respecto.

3. Diógenes, el Perro

> *No tronó contra los tiranos, pero se burló de los filisteos burgueses, que se jactaban de una libertad y una educación heredadas, y disfrutaban los goces de una civilización material muy elevada, como si la hubiesen creado ellos, porque podían pagarla. A este tipo de filisteo era a quien constantemente pinchaba Diógenes, patentizándole su mala índole, mostrándole esclavizado por las exterioridades de la civilización, que no hacían más que alejarle de la naturaleza, y poniendo de manifiesto la vaciedad, la falta de ingenio, la artificiosidad de toda esa cultura.*

E. Schwartz

Lo que Diógenes Laercio nos cuenta sobre la vida de Diógenes el Cínico en los capítulos centrales de su libro VI es un abigarrado centón de anécdotas de muy dudosa autenticidad. Como señala D. R. Dudley, esas historietas y chistes «pertenecen más a una antología del humor griego, que a una discusión de filosofía» (o. c., página 29)[2].

---

2. La «Vida de Diógenes» es una de las más largas, con sus sesenta y un parágrafos (VI, 20-81), entre las compiladas por Diógenes Laercio en su *Vidas y opiniones de los filósofos más ilustres*. Tan sólo las de Platón, Zenón el estoico y Epicuro la superan en extensión. En el centro del

Diógenes de Sinope (circa 400-323 a. C.) fue ya en vida una figura extravagante y provocadora con sus escandalosos gestos y sus mordaces réplicas, pero luego se convirtió en el filósofo cínico por excelencia, atrayendo sobre su persona toda una serie de dichos y anécdotas de muy variada procedencia. Vino a ser una figura literaria arquetípica: un mordaz comentador de todo, un audaz denunciador de todas las convenciones, un ingenio burlón sin el menor reparo en sus improperios.

Para esa versión popular y tópica de Diógenes, él es ante todo un filósofo práctico, que en sus actos ejempli-

libro VI, dedicado por entero a los cínicos, nos ofrece, como ya dijimos, una serie de anécdotas mal trabadas, y no una auténtica biografía de Diógenes y sus ideas. Diógenes Laercio considera a la cínica como una de las diez grandes escuelas o «sectas» filosóficas —en el sentido que tiene en griego *haíresis*— y coloca las figuras de los cínicos en una sucesión como la de otros escolarcas. Pero él mismo advierte que aquí el concepto de escuela y de discípulos ha de tomarse en sentido lato.

La estructura de esta falsa «biografía» fue ya objeto de algunas excelentes observaciones críticas de F. Leo en su libro sobre la biografía antigua (*Die griechisch-römische Biographie,* Leipzig, 1901) y luego de un magnífico trabajo de Kurt von Fritz (1926), cuyas conclusiones siguen siendo válidas. Giannantoni las ha resumido muy claramente (o. c., pp. III, 371-376). Distingue varias secciones: una biográfica (caps. 20-23), una primera sección de *chreíai* (32-69), doxografía (70-73), de nuevo anécdotas relacionadas con la «venta» y Diógenes como pedagogo (74-76), sobre la muerte y sepultura (76-79), los escritos de Diógenes (80) y homónimos (81). Lo más auténtico o antiguo serían los capítulos 20-23 y 70-81. La relación de Diógenes con tal o cual personaje puede aparecer en párrafos diversos; así, por ejemplo, con Platón en 24, 40, 53 y 67; con Alejandro en 32, 38, 60 y 68.

El erudito Diógenes Laercio se sirve de multitud de fuentes; cita algunos nombres de anteriores eruditos y otras veces introduce las anécdotas con un simple «dicen...». Evidentemente, recoge una larga tradición, en la que el cínico se ha convertido ya en un tipo popular y chistoso, y de la que le era ya a él difícil precisar la autenticidad.

fica la teoría de la escuela, llevando al paroxismo las máximas que Antístenes ya había proclamado en sus escritos, pero sin realizarlas del todo. En Diógenes éstas cobran un perfil tajante; a la indiferencia frente a lo que no afecta a la virtud corresponde la *adiaphoría* cínica, de la que se sigue la *anaídeia* y la *parresía* o libertad de palabra. Frente a la ironía socrática el cínico encuentra en esa *parresía* un método sencillo para denunciar los falsos ídolos, y propone una nueva valoración, subvirtiendo las normas tradicionales. Es el lema que, de acuerdo con el consejo dado por el oráculo de Delfos, cumple el filósofo: *paracharáttein tò nómisma,* «reacuñar la moneda», «falsificar lo admitido como valor troquelado», fundar una nueva valoración de las cosas, «transmutar los valores», en una *Umwertung aller Werte,* según la traducción nietzscheana.

Deslindar lo que hay de añadido literario y lo que pudo ser real en esa amalgama del anecdotario de Diógenes es tarea imposible. Pero trataremos de comentar aquellos rasgos que pueden indicarnos algo del Diógenes histórico y sus doctrinas, y de apuntar luego los motivos de alguna ficción tardía, en la que Diógenes es un protagonista un tanto tópico, como en la *Venta de Diógenes* de Menipo de Gádara o en los *Diálogos de los muertos* de Luciano de Samósata, en los que toda esa literatura cínica desemboca y culmina.

Coinciden las noticias antiguas en señalar que Diógenes llegó a Atenas como desterrado o exiliado de Sinope, una ciudad del sur del Mar Negro. Vivió luego en Atenas y en Corinto, e hizo alguna visita a Esparta. La condición de emigrante y apátrida es relevante en quien se proclamó el primer «cosmopolita». No siendo ciudadano de ninguna polis concreta, Diógenes se proclamaba «ciudadano del mundo»; mientras las ciudades griegas se debatían en sus guerras civiles, el cínico se instalaba como espectador displicente ante las tremendas crisis políticas, solitario *voyeur* en medio del ágora ateniense. También él escribió, según parece, una *Politeia,* pero en una pauta paródica y utópica, en clara oposición a lo que hacía su contemporáneo Aristóteles, un meteco conservador.

Para un hombre de esa época, el destierro era una terrible condena, sólo inferior a la muerte, puesto que significaba el desarraigo de su ciudad y el quebranto de sus lazos familiares. Sólo una bestia o un dios puede vivir al margen de la comunidad cívica, dice Aristóteles. Diógenes sacará partido a ese vivir sin lastre cívico. Considera que el hombre es autosuficiente para la virtud, si es sabio, en el sentido práctico de la sabiduría. Poco es necesario para vivir, al menos para el que está desligado de muchas ocupaciones y deberes convencionales, como el exiliado y pobre que no busca honores ni bienes de fortuna. Probablemente encontró en las enseñanzas del socrático Antístenes un acicate a su propio talante austero[3]. El

---

3. Acerca de la valoración de Diógenes como pensador y su función en la historia del cinismo, hay cuatro interpretaciones en la historiografía filosófica moderna, según lo esquematiza G. Giannantoni (III, 463, 65), con su habitual precisión:

La primera postura, representada por E. Zeller, considera el cinismo como una tendencia homogénea en la que contribuyeron Antístenes, Diógenes y Crates; en esa colaboración escolar se diluye un tanto la originalidad de Diógenes.

La segunda ve en Diógenes al fundador del cinismo práctico, de la vida a lo perro, el *kynikòs bíos,* a partir de las ideas de Antístenes so-

3. Diógenes, el Perro

bullicio urbano es para el cínico un curioso espectáculo, un tanto grotesco y sin sentido. En él se acomoda como espectador marginado y bufón ocasional.

Desprovisto de patria, sin familia, Diógenes ni siquiera tenía casa para dormir bajo techado y no mostraba ninguna preocupación por su futura tumba. La famosa tinaja que le servía de cubículo –es decir, el «tonel de Diógenes»– vino a ser un símbolo de su extrema frugalidad. Una anécdota cuenta que quebró su escudilla cuando observó a un muchacho beber en el hueco formado con sus manos y a otro que usaba como cuenco la costra cóncava de un pan. Su ajuar era mínimo, de acuerdo con su pobreza y, sobre todo, con su afán ascético de servirse de

---

bre la oposición de la *physis* contra el *nómos* y la *dóxa,* extremando aquél las tesis de éste, mediante el ejemplo de una vida acordada a tal idea. (Así por ej., M. Pohlenz y R. Höistad.)

La tercera ve en Diógenes no a un pensador, sino a un tipo original; destacado no por sus doctrinas, sino por su personalidad enorme y escandalosa. (Así W. Windelband, E. Norden, K. von Fritz.)

La cuarta «separa netamente a Diógenes de Antístenes, niega que haya una escuela cínica con una sucesión propia y hace justamente de Diógenes el fundador, teórico y práctico, del cinismo. Esta orientación la representan, con motivaciones diversas, si bien convergentes, Schwartz y Wilamowitz, Dudley y Sayre», y a ella parece querer sumarse también Giannantoni (III, p. 465).

Como indica Diógenes Laercio, VI, 103, ya los antiguos discutían acerca de si el cinismo era una auténtica escuela o «secta» filosófica, *haíresis,* o más bien, una simple actitud, *énstasis,* una postura radical, sin duda, ante la vida; un determinado *bíos* filosófico como «sendero abreviado para la felicidad», con unas pocas ideas básicas y sin sentido escolar. Aun aceptando que lo definitivo en el cinismo es, en efecto, esa *énstasis,* esa disposición vital, creemos, sin embargo, que las ideas socráticas de Antístenes –acerca del esfuerzo, la autosuficiencia del sabio, la ascesis, con los ejemplos de Heracles y Ciro, etc.– son recogidas y relanzadas por Diógenes, que extrema la actitud de enfrentamiento a lo convencional, sean leyes u opiniones.

lo indispensable. El ratón ágil y omnívoro, acomodado a todo, le sirvió de modelo, según el mismo Diógenes refería. A quien le preguntó quién le enterraría, no teniendo familiares ni siervos (recordemos que el recibir honores fúnebres era algo muy importante para un antiguo, y que los familiares próximos velaban por este deber), le respondió: «Quien quiera quedarse con mi morada». También dijo que le gustaría servir de alimento a los perros y los pájaros una vez muerto. (Eso es, precisamente, uno de los motivos de horror en la guerra, según la tradición, como se señala ya en el comienzo de la *Ilíada*.) Así, hasta el cadáver de un cínico puede resultar útil a la naturaleza. Tampoco tiene recelo de la ultratumba.

Las varias anécdotas que ponen a Diógenes frente a un rey o un tirano –Filipo, Perdicas, Antípatro, o Alejandro– expresan bien, mediante la contraposición y la réplica coloquial, la independencia y la libertad del filósofo. Sin duda, la más famosa de ellas es la del encuentro de Alejandro y Diógenes en Corinto. A la pregunta del joven Alejandro: «¿Qué quieres de mí?», responde el indolente Diógenes, sentado junto a su tinaja, en tono tranquilo: «Que te apartes un poco y no me quites el sol». Un *bon mot*, cierto. «De no ser Alejandro, habría querido ser Diógenes», se cuenta que habría dicho el gran macedonio, en este u otro lance. Uno y otro representan dos tipos del máximo individualismo, ambos por encima de las convenciones de la gente y de la época.

La anécdota es justamente archiconocida, y desde antiguo circuló en muchas variantes, que testimonian el núcleo común: el *topos* del encuentro entre el rey y el sabio. El *philósophos* pone en evidencia la inferioridad del tirano por su insaciabilidad y su sumisión a la *dóxa;* el sabio está por encima de esa ambición de riquezas, honores, poder y pasiones que determinan la conducta del monarca; todo eso es, para el cínico, vanidad, *typhos*. Según las versiones de la anécdota, percibimos que hubo dos tradiciones, la una hostil y la otra más favorable a la figura de Alejandro. Ésta destaca, de paso, la magnanimidad del joven monarca, que elogia y admira a Diógenes.

Como los demás encuentros de Diógenes con otros reyes, también ésta carece de base histórica. Aunque pudo tener lugar un encuentro de Diógenes y Alejandro, cuando éste aún no había partido para sus conquistas en Asia (y no era por tanto el conquistador afamado que la anécdota presupone para su mayor sentido), el coloquio es inverosímil históricamente. Lo que, obviamente, no le hace perder su valor simbólico. (Sobre detalles y críticas remito al excelente y eruditísimo capítulo de G. Giannantoni en su ya citado *Socraticorum reliquiae,* III, pp. 397-404.)

En otros relatos aparece un encuentro semejante entre Alejandro y otros sabios de aspecto próximo a los cínicos: los gimnosofistas hindúes, o su representante, Cálamo o Dándamis. También ahí los filósofos nada quieren del gran rey, sino que los deje en paz. Como en el episodio ficticio de la venta de Diógenes como esclavo –del que hablaremos luego–, lo que el encuentro destaca es que sólo el sabio es gobernante de sí mismo, con total autarcía y serenidad.

«La fascinación de la anécdota reside en que indica la emancipación del filósofo del político. Aquí no es el sabio, como el intelectual moderno, un cómplice del poderoso, sino que le vuelve la espalda al principio del poder, la ambición y la autoridad», como apunta Sloterdijk. Ya en la época antigua Platón y Aristóteles habían figurado, sin gran éxito, como consejeros de príncipes, por breve plazo; los cínicos como esta anécdota acentúa, no albergan tales inquietudes.

Pronto en las réplicas y agudo en las parodias, Diógenes debió de ser un autor ingenioso. Escribió algunos libros, que sospechamos breves, e incluso alguna tragedia, tal vez en clave de parodia. Pero pocos recuerdan al Diógenes escritor, y todos al actor de su propia farsa tragicómica. Al admitir, como hace hoy la totalidad de los estudiosos, que escribió algunos textos (aunque no exactamente los trece diálogos, las epístolas, y las siete tragedias que le atribuye Diógenes Laercio), hemos de pensar que las condiciones de vida de Diógenes no fueron las de extrema penuria que le fija la leyenda. Ya algunos eruditos antiguos, como Sosícrates de Rodas y Sátiro, según afirma Diógenes Laercio, y algún moderno (F. Sayre) han dudado de que fuera suyo cualquiera de los escritos que tradicionalmente corrían bajo su nombre. Pero no hay fundamento para un rechazo global.

Lo cierto es que hay «una leyenda de Diógenes» como la hay de Sócrates; si bien más fabulosa la del cínico, que no tuvo quien lo recordara con el afán preciso con el que Platón y Jenofonte evocaron a su maestro. La biografía de Diógenes que nos ofrece Diógenes Laercio (unos quinientos años después de su muerte) recoge un montón de dichos y anécdotas, *chreíai* y apotegmas ingeniosos, donde lo *ben trovato* constituye el motivo especial. Se los han colgado a un Diógenes que es un tipo literario y no un personaje histórico. Los cínicos históricamente seguros para nosotros –como señala G. Giannantoni (p. 4446)– son los de la tercera generación, después de Antístenes y Diógenes; es decir, Crates, Mónimo, etc., en los que la actividad literaria está en primer plano. Diógenes es un tipo casi mítico, ejemplar y tópico. Como un imán ha atraído sobre su figura una serie de dichos, algunos de una tradición favorable al cinismo, otros no tanto, de muy variado origen, y de transmisión popular. Las colecciones de *chreíai* comenzaron con un escrito de Metrocles, o acaso con la obra de Teofrasto, *Compendio de dichos de Diógenes,* y con otros textos de Teócrito de Quíos y de Demetrio de Falero. Pero esos centones suelen engrosar como bolas de nieve rodando de uno a otro copista, acumulando y perfilando chismes y chistes.

No es casual, sin embargo, que la doctrina y la crítica del cínico se exprese a través de anécdotas y dichos memorables, del género que los griegos denominaron *chreíai,* «máximas» o «sentencias» chistosas casi siempre; *bons mots,* agudezas y chanzas, que dejan un impacto en la memoria del oyente. Diógenes es un humorista y aprovecha el recurso didáctico a ese género que reúne varias ventajas: es popular y gráfico, porque un buen gesto o una afortunada imagen vale por muchas palabras; va bien con el carácter braquilógico y mordaz de esos predicadores de urgencia, que desprecian los largos fárragos de la retórica y prefieren un buen ejemplo a un buen discurso; ataca el *esprit du sérieux* que es burgués y respetuoso con lo tópico; y combate el intelectualismo de la filosofía establecida y elevada –como la platónica– como asaeteándola con táctica de guerrillero. El ordinario

Diógenes usa su vulgaridad, pero también su concentrada ironía, tanto contra el buen tono social como contra la filosofía idealista, envuelta en un halo de respetabilidad. Esta «frescura» del cínico es un arma ideológica, y refleja su concepción del mundo, que no ve trágico, sino absurdo. «No hay en los cínicos la menor huella de la melancolía que envuelve a los demás existencialismos. Su arma no es tanto el análisis como las carcajadas», como anota P. Sloterdijk (302-302). «Antiteorético, antidogmático, antiescolástico», Diógenes se expresa a través de sus gestos, «contestando» y parodiando creencias e ideas cuya respetabilidad le parece chistosa. Descubre lo ridículo en el comportamiento de unos y otros; y pincha con su comentario irónico la hinchazón de éstos y aquéllos.

Es por eso grande el riesgo de menospreciar el peso filosófico del cinismo, porque se nos ha transmitido anecdóticamente, como señala Sloterdijk, y, como bien dice, lo hicieron ya Hegel y Schopenhauer. Hasta tal punto el *esprit du sérieux* está infiltrado en las venas de los historiadores y eruditos, que resulta difícil encontrar quien justiprecie la sagacidad del buen Diógenes Laercio cuando nos conservó amenamente ese estupendo acervo de frases y gestos que son una antología del humor filosófico.

Es difícil traducir por un término exacto el griego *chreíai*, que resulta más vago que otros similares, como *gnóme* (lat. *sententia*), *apóphtegma* (lat. *dictum*) o *apomnemóneuma* (lat. *conmemoratio*). Los retóricos helenísticos (como Teón, Aftonio y Hermógenes) se ocuparon de este género –el de las *chreíai*–, que tiene su origen en las escuelas socráticas y que alcanzó su máximo desarrollo gracias a los cínicos (el primer coleccionista de *chreíai* parece haber sido el cínico Metrocles –según Diógenes Laercio, VI, 33–, aunque tales anécdotas circularon desde antiguo referidas a los Siete Sabios o a tipos chistosos como el fabulista Esopo). Ya Quintiliano –al tratar de la *chreíai* en I, 9, 4– señala los varios modos de introducirla, que son los que encontramos en Diógenes Laercio: 1: «él decía que...», 2: «preguntado por..., contestó...», 3: «viendo a..., comentó...», 4: «siendo reprochado por..., replicó...». Tales dichos pueden ser introducidos en una biografía porque caracterizan al personaje. Plutarco usa también el procedimiento, que estaba en boga y era bien apreciado por un público acostumbrado a esa literatura a la vez popular y erudita. También era un buen recurso oratorio, para divertir al auditorio.

En las diatribas de los cínicos, las anécdotas y dichos tienen fundamentalmente un mensaje filosófico, dan un compendio de saber en píldoras y encubren su incitación moral con la invitación a la risa. Su brevedad las hace recomendables para el recurso fácil. Su plasticidad las convierte en ejemplos muy a propósito para aplicar en situaciones varias. El riesgo de que el núcleo ético se disuelva en la mera diversión no puede evitarse, y sin duda las colecciones se han aumentado con muchos chismes populares más graciosos que instructivos. El gusto de la época helenística, y luego de la Segunda Sofística, por lo retórico y popular ha facilitado, sin duda, la circulación de este género literario. Algún texto papiráceo atestigua la amplia difusión de esos dichos de Diógenes, en serie abierta, de uso quizás retórico o escolar. Por otra parte, esa literatura confirma que también el buen humor y la caricatura dieron al cinismo inicial su aspecto más saludable, para expresión de la crítica. No en vano algunas de esas anécdotas son lo más memorable de Diógenes; por encima de textos y siglos grises aún suenan las palabras del viejo cínico, y sus risas.

Especial atención, sin embargo, merecen los parágrafos 70 a 73 de Diógenes Laercio, como resumen doxográfico escueto y de buena suerte.

En esos apuntes acerca de sus opiniones vemos que Diógenes comienza recomendando el entrenamiento, tanto físico como espiritual, para adquirir los hábitos de una vida apuntalada en la virtud. La *ascesis* tanto del cuerpo como del alma es necesaria para formar al atleta cabal, precursor del cínico, avezado a enfrentarse a los continuos embates de la fortuna sin rechistar, y con el talante impávido. Para llegar a esa impasibilidad que es lema de la secta se requiere un endurecimiento previo tanto físico como sentimental. La gimnasia del cuerpo debe doblarse con una gimnasia del espíritu, para desembocar en la conquista de la virtud, una conquista que no es sólo actual, sino que debe mantenerse mediante los hábitos. Ya Aristóteles en sus *Éticas* insiste en la importancia de los hábitos, y en ese punto los filósofos helenísticos estaban todos de acuerdo. La sabiduría práctica requiere una práctica constante de la virtud, y el sabio es un experto, como el buen flautista o el atleta, gracias a su entrenamiento. En la comparación con el técnico en un oficio late un eco socrático.

Una vez entrenado, el sabio desprecia el placer y no cae en las tentaciones del deleite; y de esa victoria sobre el placer saca un placer peculiar, un goce de la libertad sin trabas. La independencia del sabio se constituye sobre su obediencia sólo a lo natural, con menosprecio de las convenciones legales. El cínico tiene «el mismo género de vida que Heracles, y no antepone nada a su libertad». Donde traduzco «género de vida» el texto griego emplea el término *charácter*, que evoca la imagen del troquel de la moneda, la impronta de la acuñación, y la *paracharáxis* promovida por Diógenes, de acuerdo con el consejo del oráculo délfico. Es la libertad del individuo que no reconoce otras normas que las de la naturaleza universal. Diógenes decía «que sólo hay un gobierno justo: el del universo» *(Mónen orthèn politeían einai ten en kosmôi)*. El egoísmo del sabio se compensa con una benevolencia universal y cósmica.

El cosmopolitismo de Diógenes tiene, a primera vista, un aspecto negativo: el rechazo de la ciudadanía en cualquier polis concreta; es una nota del desarraigo que el exiliado intenta remediar con su empadronamiento en lo universal. Pero tiene también un aspecto positivo, y es para los cínicos un gran mérito el haber proclamado, antes que los estoicos, y antes de que las conquistas de Alejandro dieran a esa proclama valores más determinados, ese humanitarismo que da a todos los humanos una misma patria, como una misma es la naturaleza de los hombres. Una vez más tenemos la recurrencia a la *physis* como lo fundamental en la vida. Diógenes, que había encontrado sus motivos de dicha en el destierro –lejos de la semibárbara Sinope, en Atenas, había hallado a Antístenes y la *paideía* que le ofrecía la verdadera libertad–, sabía que la verdadera libertad está en ese universalismo, que las leyes y los prejuicios nacionales le niegan al individuo. Frente a las fronteras nacionales el cínico vagabundo encuentra que «sólo hay una auténtica *politeía,* la del universo habitado». Los estoicos añadirán que todos los hombres son hermanos, hijos de un único dios y participantes de un mismo *lógos,* la razón universal. Los cínicos todavía no desarrollan esa teoría del ecumenismo, pero la intuyen y la manifiestan con escuetos lemas y gestos.

Pronto los reveses políticos harán del destierro una suerte común a muchos; pronto la libertad cívica será para muchas ciudades mero recuerdo y vana retórica. Entonces la proclama del cosmopolitismo resuena como un consuelo y una invitación a la fraternidad. Los muros de la polis encerraban al individuo en un ámbito familiar. Ya Aristóteles había señalado que la polis se compone de familias. La utópica *politeía* de los cínicos niega también la familia y la propiedad, de manera que ahí encuentra su máxima expresión el afán universalista. En un plano realista, el cínico no busca otra forma de civilización, ya que lo civilizado, lo *asteîon,* está unido a la vida en una comunidad ciudadana, lo que niega es que las trabas de la ciudad tengan un valor decisivo; lo decisivo es la libertad individual, lo más universalmente humano enraíza a los hombres no en la polis concreta donde nacen, sino en el cosmos.

Tal vez esa sentencia se explicara en su *Politeia,* que no deja de evocarnos la obra platónica de idéntico título. La *República* de Diógenes comparte con la de su contemporáneo Platón (que era unos veintitantos años mayor y que, por lo que sugieren las anécdotas, se llevaba tan mal con él como con Antístenes) algunos rasgos utópicos: proponía la comunidad de los bienes y la igualdad entre los sexos de cara a la educación, la comunidad de las mujeres y de los hijos. (En esto iba más allá del modelo platónico, pues como en lo del comunismo, Platón sólo lo proponía para la clase dirigente, la de los filósofos.) Como Diógenes admitía tan sólo la ley natural, llegaba a admitir como naturales el incesto y la antropofagia, puesto que parecían estar atestiguados como costumbres de algunos pueblos. Esa *Politeía,* que influyó a su vez en la obra del mismo título compuesta por el estoico Zenón, expresaría sin duda el cosmopolitismo cínico.

Las subversivas proclamas de los cínicos son demasiado generales para tener efectos reales o revolucionarios en su contexto histórico, como M. I. Finley y algunos otros han señalado, ya que presentaban un programa tan demoledor de todo que no invitaba a la acción. De hecho los cínicos no incitaban a la acción revolucionaria, sino que la desaconsejaban, al ver el mundo en panorama tan grotesco y bestial. Lo «civilizado», *asteîon,* es un producto de la polis, como también lo es la ley, *nómos;* pero tanto lo uno como la otra se construyen sobre unos compromisos que el cínico egoísta no está dispuesto a suscribir; ante todo prefiere la libertad. Con que no critica tanto la esclavitud real –en una sociedad esclavista como la griega esa crítica había sido ensayada por algunos sofistas–, sino que ataca la esclavitud espiritual, en cuanto sometimiento a valores falsos, alienación de los más, en su masivo acatamiento de las opiniones irracionales y su sumisión a las seducciones de los placeres.

También Diógenes propone una *paideía,* ascética sin duda, con finalidad moral. De ella excluía ciertos saberes científicos, como la geometría, la astronomía, la música y otras enseñanzas, al considerarlas innecesarias e inútiles. (También es en esto antiplatónico; recordemos que para entrar en la Academia exigía Platón conocimientos de geometría.)

La frase de Diógenes que decía que actuaba como el maestro de coro que da las notas en un tono más alto para que los demás entonen a la altura adecuada merece ser auténtica. Diógenes exagera; busca siempre esa nota chillona, para atraer la atención. Para llamar la atención, como lo revelan las anécdotas, no vacila en «dar la nota» y hacer el payaso. Provocador callejero, Diógenes es agresivo con unos y singularmente atractivo para otros. Diógenes Laercio recoge la noticia de que entre sus oyentes tuvo a varios políticos de la época. Esa faceta de bufón está vinculada a su personalidad y queda bien reflejada en la frase atribuida a Platón, que lo definió como «un Sócrates enloquecido». Pero, de otro lado, está en relación con su pedagogía, que trata de sacudir a los demás, de hacerles ver que lo que tienen por normas intangibles puede fácilmente ser conculcado; que hay que atreverse a quebrar los tabúes, que el ridículo y la impopularidad son sanciones que no son tan terribles como amenazan. Quien piensa que el mayor bien es la sinceridad, el decirlo todo, la *parresía*, necesita obrar con la desenvoltura de Diógenes y soportar el apodo de «el Perro».

Como un perro, «realizaba en público tanto los actos de Deméter (las necesidades corpóreas más perentorias) como los de Afrodita» (es decir, los actos sexuales varios). Desconocía el amor y otras pasiones. Se arrejuntaba con las mujeres que podía, como ya Antístenes recomendaba, y carecía de afectos familiares. Sin duda era un pacifista, aunque, como buen observador de la naturaleza, no debió de hacerse muchas ilusiones sobre la marcha del progreso social, si es que tal idea se le ocurrió:

> Cuando observaba la existencia de pilotos, médicos y filósofos, pensaba que el hombre es el más inteligente de los animales; pero cuando reparaba en la presencia de intérpretes de sueños, adivinos y sus clientes, o veía a los grandes personajes engreídos por la fama o por la riqueza, pensaba que nada hay más vano que el hombre.

No confiaba en la utilidad de las ciencias para el progreso moral. Su filosofía estaba toda enfocada a la ética, y toda su ética era individualista y libertaria.

Hay dos anécdotas de Diógenes que me parecen muy reveladoras de su distanciamiento frente a la comunidad cívica. Una cuenta que «solía entrar en el teatro topándose con los que salían. Cuando le preguntaron que por qué lo hacía, contestó: es lo mismo que trato de hacer a lo largo de toda mi vida» (Diógenes Laercio, VI, 64). Con ese gesto Diógenes expresa su desinterés por el drama representado, que él no ha ido a ver, y, en contraste, su afán por dejarse ver a la salida, entorpeciendo el paso de los asistentes. Va siempre a contracorriente, entre codazos y empellones, a contrapelo de lo normativo. No le interesa el teatro –que era uno de los centros de la educación ciudadana en Atenas– ni la lección trágica ni la evocación mítica, pero quiere entrar en el teatro cuando el escenario ya esté vacío. «Eso es lo que hago a lo largo de mi vida», decía, advirtiendo el simbolismo de su actuación. Las tragedias que se le atribuyeron estarían escritas como parodia y caricatura de los conflictos trágicos. En ese mismo espíritu, el cínico ve la tragedia desde un ángulo distorsionado, bajo una óptica ajena al espíritu heroico y cívico que animaba el gran arte ateniense. Tal vez esas parodias tuvieran algo innovador, por su mismo aire grotesco y esperpéntico. El incesto y el parricidio no eran, para el cínico, terribles pecados, tan sólo errores de apreciación, que la naturaleza podía excusar. Con esa mentalidad, lo trágico –en *Edipo,* o en *Tiestes,* por ejemplo– quedaba disuelto. Diógenes, si escribió tales tragedias, no las hizo desde luego para la escena dionisíaca ni las representó al pie de la Acrópolis.

La otra anécdota que cuenta es la siguiente:

> al anunciar Filipo que iba a atacar Corinto, y al estar todos dedicados a los trabajos y corriendo de un lado a otro, él empujaba haciéndola rodar la tinaja en que vivía. Como uno le preguntara: «¿Por qué lo haces, Diógenes?», dijo: «Porque, estando todos tan apurados, sería absurdo que yo no hiciera nada. Así que echo a rodar mi tinaja, no teniendo otra cosa en que ocuparme». (Luciano, *C. e. Hist.,* 3 = Diógenes Laercio, VI, 69.)

«También yo empujo mi tinaja para no parecer ocioso entre tantos trabajadores», dice el cínico en el texto de Luciano. Pero el cínico no hace nada por el bien común, tan sólo parodia la agitación ajena, en un gesto burlón.

De los escritos de Diógenes nos habría gustado conservar su *Politeia,* que estaba en la línea de la de Antístenes y sirvió de modelo a la de Zenón el estoico. Describía el régimen de gobierno ideal de acuerdo con la ideología del cínico. Por su componente utópico estos escritos resultan una parodia o caricatura de la gran obra política de Platón, y, como esa *República,* no aspiraban a realizarse en la tierra, sino a inscribirse como modelos en el cielo o en el alma de los filósofos. La de Diógenes debió de llevar al colmo los preceptos avanzados por Antístenes, con pleno desprecio de las leyes habituales en las ciudades griegas, buscando una ciudad gobernada tan sólo de acuerdo con las leyes «naturales». Es el epicúreo Filodemo quien nos da algunas noticias puntuales sobre la obra atribuida a Diógenes (en un fragmento papiráceo, de *Acerca de los estoicos,* papiro número 339, coll. XI-X = frg. 126 G). Filodemo se hace eco ya de la polémica en torno a la atribución de la obra, muy discutida desde antiguo y singularmente escandalosa.

En ella no sólo se declaraba que las mujeres y los hijos serían comunes, sino que se admitía el incesto en todas sus variantes: los hijos tendrían relaciones sexuales con sus madres y hermanas, y los casados se liarán con las criadas, dejando libres a sus mujeres para otros enredos amorosos, sin ninguna violencia. El amor será libre sin restricciones. Al comunismo de bienes se añade una frugalidad notable en el vestir, a la moda cínica. Todos vestirán lo mismo y practicarán los ejercicios gimnásticos, desnudándose tanto hombres como mujeres. Se practicará el canibalismo y –no sabemos en qué condiciones– el parricidio. (Tal vez en casos de eutanasia para los viejos.) No se admitirá una ciudad única como patria ni una ley que no sea universal. Sin duda, aunque no se atestigüe explícitamente, quedará abolida la guerra y los guerreros (y acaso los sacerdotes también). Por un apunte de Ateneo, sabemos que la única moneda que ahí se utilizaría son las tabas; los astrágalos, que servían para el famoso juego de niños, asumen ese papel lúdico en un mundo donde la economía no será, ciertamente, monetaria.

La conquista de la libertad es el objetivo de esta sabiduría práctica. Que la verdadera sabiduría da el poder gobernarse a sí mismo, independizándose de la alienación de la *dóxa* y el *nómos,* para servirse de la franqueza de palabra, la *parresía,* y de la despreocupación respecto de los valores convencionales, la *adiaphoría,* es la afirmación fundamental de Diógenes, que en la teoría es también un categórico secuaz de Antístenes. La idea de que vivir de acuerdo con la naturaleza, *katà physin,* conduce a vivir según la virtud, *katà aretén,* y que eso es el único atajo a la felicidad, proviene de Antístenes. Diógenes es, sin embargo, un discípulo aventajado y más audaz en sus expresiones como heraldo evangélico.

Según un testimonio recogido por Epicteto *(Dis.* III, 24, 67-9 = frg. V B 22 G), decía Diógenes que «Desde que me libertó Antístenes, jamás fui esclavo». Y comenta Epicteto:

> ¿Cómo le liberó? Escucha lo que dice: Me enseñó las cosas que son mías y las que no son mías. Lo poseído no es mío: parientes, familiares, amigos, fama, lugares habituales, modo de vida, todo eso no son sino cosas ajenas. ¿Qué es entonces tuyo? El uso de las representaciones imaginarias. Ése me mostró que lo poseo como algo inevitable e inviolable. Nadie puede impedirme, nadie puede forzarme a usar mi imaginación sino como quiero.

3. Diógenes, el Perro

Ciertamente esa idea liberadora puede remontar a Antístenes (y quizá, a través de él, a Sócrates). En el hermoso discurso sobre la riqueza que pronuncia en el *Banquete* de Jenofonte (IV, 34-44 = frg. V A 84 G), comienza Antístenes diciendo: «No pienso que los hombres, amigos, tengan la riqueza o la pobreza en sus casas, sino en sus almas». Y continúa haciendo notar que son los hombres con su actitud mental los que se esclavizan o se liberan, viven para la dicha y la virtud, o para la tiranía y la ruindad. El tema enlaza con el del desprecio de los bienes de fortuna, y la polémica contra el afán de dinero y de ganancias materiales (la *philargyría* y la *aischrokérdeia*), que será tópico en las prédicas de los cínicos. Pero la fórmula que también Dión de Prusa adjudica a Diógenes, referente a la «utilización de nuestras representaciones mentales», el «uso de las fantasías», me parece mucho más sugerente y general. La *chrêsis phantasiôn* es un punto central en la concepción estoica de un Epicteto, que señala cómo es fácil conquistar la felicidad con el simple atenerse a considerar como propio lo que uno es, no lo que uno tiene de prestado, como todos esos aparentes bienes y propiedades que son, en realidad, ajenos. Ese principio puede ser una clara veta de origen bien precisado. Ya Diógenes habría insistido en que lo que realmente libera al hombre no son las condiciones materiales, sino su disposición interior frente a ellas, de ahí la importancia ante todo del control mental de nuestras representaciones imaginativas.

Esa distinción entre lo realmente necesario para la dicha y las vanas figuraciones que entenebrecen el camino hacia ella con mil impedimentos es lo que justifica el ascetismo y el entrenamiento anímico recomendado por Diógenes. Porque conviene precisar que el ascetismo de Diógenes no tiene nada que ver con otros, como el ascetismo de aislamiento y mortificación de algunos primeros cristianos. El cínico no renuncia a los placeres y la vida regalada porque vea en la mortificación un beneficio, o porque se sacrifique en espera de una compensación ulterior, o porque piense que el cuerpo ha de ser castigado. Tan sólo lo hace porque no está dispuesto a vender su independencia y libertad a cambio de unos placeres inciertos o unas vanas e ilusorias promesas de poder. Diógenes es un asceta como Heracles es un atleta, entrenándose para resistir las amenazas y tentaciones contra la libertad, que se obtiene de la vida frugal, sin temores ni ambiciones ni compromisos afectivos. «Es un asceta en el sentido de que se ayuda a sí mismo mediante el distanciamiento y el manejo irónico de las obligaciones para cuya satisfacción la mayoría paga con su libertad» (P. Sloterdijk). Introduce como gran tema filosófico «la relación entre felicidad, liberación de la necesidad e inteligencia». En tal sentido «su pobreza espectacular es el precio de la libertad», como indica Sloterdijk, y no un objetivo en sí. También el cínico come pasteles, cuando se los ofrecen gratis, y acude a los festines, cuando le agradecen que acuda.

La falta de vergüenza de Diógenes, que en tal respecto va más allá que Antístenes, se expresa en su escandalosa indecencia, en cuanto realiza en público todo cuanto la gente suele dejar para los lugares más recatados. No tiene sentido de la obscenidad y desafía las convenciones apoyándose en lo natural de tales actos. Todas las funciones corporales –tanto los actos de Deméter como los de Afrodita– los realiza en público, y en cualquier lugar, sea la asamblea o el templo, sin el menor sonrojo, puesto que son naturales. *Naturalia non sunt turpia,* dice un conocido adagio latino, que el cínico practica como un reto a los hábitos de la urbanidad.

Tal vez la anécdota más interesante al respecto de cómo es eso una liberación de reparos necios se refiere a Metrocles, a quien el bochorno por un pedo intempestivo había sumido en el más profundo desconsuelo hasta que Crates le demostró con un ruidoso ejemplo la nula importancia de tales actos (cf. Diógenes Laercio, VI, 94). Al masturbarse en medio de la plaza, Diógenes no siente ningún escrúpulo; acude a un remedio natural para una urgencia, como podría haber recurrido, con mayores gastos, a los servicios de una prostituta.

Los cínicos no condenaban el amor mercenario, pero sí la homosexualidad, como un hábito degradante para los muchachos, sobre todo si era venal; rechazaban sobre todo la pasión amorosa, el *eros* arrebatador, que puede subyugar al hombre, derrotar su razón, y esclavizarlo insensatamente. De ahí un cierto ataque a las mujeres como motivo de tentación, y una inconsecuente misoginia en algunos dichos. (El machismo de algunas anécdotas es inconsecuente con la igualdad de los sexos proclamada en la *Politeia;* ya Antístenes había dicho que la virtud del hombre y de la mujer es una misma. Sin duda la aportación popular ha aumentado esos flecos misóginos. Cf. frgs. 201-17 G.) La frase de que «el amor es la ocupación de los desocupados» y la de que «los amantes son desdichados por su placer» merecen su firma; las de que «una bella mujer es un mal» o que «una joven que aprende a leer es como un puñal que se afila» desmerecen esa autoría. Rechazaba el matrimonio y condenaba, por los riesgos de su castigo, el adulterio. Ni uno ni otro tendrían sentido en la utópica república bosquejada en su escrito político. Una anécdota malévola (frg. 231 G, proveniente de Ateneo) dice que, como Aristipo y Demóstenes, Diógenes fue amante de la cortesana Lais.

Antístenes estaba próximo a la moral habitual cuando dijo «que le atizaría unos flechazos a Afrodita, si la encontrara, por haber corrompido a muchas de nuestras bellas y buenas mujeres» (frg. 123 G). Eso podía haberlo dicho un personaje de Eurípides; Diógenes está en otra línea. Los amoríos son sinrazón y locura, despropósito es la pasión, que los poetas vieron como una enfermedad del ánimo. El cínico la contempla de reojo, impávido y burlón.

No hay en eso ascetismo, porque el sexo no es malo por sí mismo, tan sólo lo es cuando se impone a la razón y la perturba. Tanto en eso, como en el desprecio de la riqueza, el cínico busca la libertad mediante la liberación de los vanos cuidados. Sólo consideraba rico al que se basta a sí mismo. Los dioses no necesitan de nada, los sabios próximos a ellos de muy poco. A los que se apoderan de muchas y grandes cosas los llamaba Diógenes «los pobres en grande» (frg. 240, 241 G). Al rico ineducado lo llamaba «borrego de doradas lanas»; nadie había visto corrompido por la pobreza, muchos por la maldad, decía (frg. 224 G), y consideraba que «el amor al dinero es la metrópolis de todos los males» (228 G).

En este contexto se entiende que Diógenes mendigara sin mala conciencia, puesto que todo era de todos, aunque los más rapaces se habían adueñado de más bienes. Por eso «al pedir dinero a los amigos, decía que no pedía, sino que lo reclamaba» (234 G). Nada más ridículo que la avaricia o el afán de ostentación. El desprendimiento caracteriza al cínico. El rico Crates renuncia a sus bienes de fortuna para ingresar en la secta de quienes limitaban su fortuna a lo que llevaban en su alforja. Para Diógenes hasta Sócrates vivía en el lujo, teniendo casa y algún esclavo (256 G). La anécdota que cuenta que Diógenes perdió al suyo, prófugo, sin lamentarlo, es significativa. Se jactaba de no vivir peor que el gran rey de Persia: como aquél cambiaba su residencia pasando el invierno en Babilonia y el verano en Susa, así Diógenes invernaba en Atenas y veraneaba en Corinto.

El enfrentamiento entre Diógenes y Platón, subrayado a través de algunas anécdotas (como esa definición platónica de Diógenes como «un Sócrates enloquecido» y la réplica del cínico a Platón: «Si tú lavaras berzas no adularías a Dioniso», etc.), es interesante, más que por lo que tenga de histórico –que es muy poco, sin duda–, por lo que tiene de simbólico y significativo en un plano general. En ese enfrentamiento, Diógenes hereda en parte la posición de Antístenes, cuya visión de Sócrates fue siempre divergente de la platónica. Mientras que Platón elaboró un sistema metafísico, que tiene una vertiente ética y política basada en el idealismo, Antístenes se dedicó por entero a la ética sin trascender el mensaje y legado del maestro. Y Diógenes recorta aún más la perspectiva filosófica de Antístenes.

Le interesa muy poco al cínico la pura teoría, y aún menos la del idealismo. «El cínico griego descubre los cuerpos humanos animalizados y sus gestos como argumentos; desarrolla un materialismo pantomímico. Diógenes responde al lenguaje de los filósofos con el de un *clown*» (P. Sloterdijk).

Cuando Platón dio la definición del hombre como la de «un bípedo implume» –recuerda Diógenes Laercio, VI, 40– y obtuvo la aprobación de los demás, Diógenes le arrancó las plumas a un gallo y lo trajo a la Academia con estas palabras: «Éste es el hombre de Platón». Por lo cual (Platón) añadió a su definición lo de «Con uñas planas».

La anécdota está en la línea de la que refiere que, ante un eleático que negaba en su teoría el movimiento, Diógenes se puso se pie y echó a andar. El cínico menosprecia la teoría y los problemas sólo teóricos. También él, sin embargo, está en busca del hombre. Aunque sea mediante un gesto tan extraño como el de andar escrutando el ágora en pleno día con un farol encendido.

El gran opositor al idealismo no es Aristóteles, sino el cínico con su menguada teoría, con su actitud plebeya, con su sarcasmo. Cuando afirma que no percibe las ideas, Platón le replica que no se ven con los ojos, sino con la inteligencia, el *noûs,* que le falta. Pero el combate entre idealismo y cinismo va más allá.

El episodio de la venta de Diógenes como esclavo pertenece sin duda a la literatura que toma a éste como protagonista irónico. Diógenes Laercio cita la *Venta de Diógenes* de Menipo de Gádara y otra obra de igual título de un tal Eubulo como fuentes de sus anécdotas. Es muy probable que también el cínico Bión de Borístenes en su escrito *Acerca de la esclavitud* presentase y comentara el famoso lance. Podemos encontrar algún precedente en la historia, como la venta de Platón en Egina como esclavo, tras el viaje a Sicilia. Más significativos son otros dos paralelos literarios: en el *Sileo,* un drama hoy perdido de Eurípides, en el que Heracles era vendido como esclavo, y el famoso pasaje de la *Vida de Esopo* en el que el astuto fabulista propone al pregonero que lo venda «para gobernar a otros», como dice también Diógenes.

El tema del esclavo gobernante *(doûlos árchon)* era, sin duda, especialmente atractivo para destacar cómo, de igual modo que hay que obedecer al timonel o al médico, conviene que el sabio mande y que sea obedecido, incluso por quien en su posición social se halla por encima de él. Ya Aristóteles en su *Política,* al tratar el tema de la esclavitud, había reconocido que, aunque el amo suele ser más inteligente que el esclavo, y en eso se funda la esclavitud por naturaleza, no siempre sucede tal cosa. (En tal caso la esclavitud no es natural.) Aquí tenemos el caso del esclavo que manda gracias a su superior saber y que educa a su dueño, o a los hijos de éste. En el relato de Esopo, el astuto esclavo logra mediante su habilidad imponer su voluntad en la casa de Janto (que en la versión tardía que nos ha llegado de la «Vida», cuyos orígenes se remontan al siglo V a. C., es un «filósofo» samio). Se trata de un tema de elaboración popular, que bien pudo haber influido en la invención novelesca del Diógenes esclavo; ese relato tal vez recibió también, viceversa, influjos cínicos, porque el astuto y artero Esopo algo tenía ya de cínico *avant la lettre*. También en el caso real posterior del estoico Epicteto tenemos al filósofo esclavo que, por su saber y talante anímico, escapa de su condición social y da pruebas de una libertad superior.

Lo que la historieta destaca es que la verdadera libertad la da la sabiduría y que, como en sus paradójicos asertos recalcarán los estoicos, el verdadero gobernante es el sabio, en cualquier condición. Al mismo tiempo se destaca el papel del filósofo como educador de jóvenes, pedagogo ejemplar. Comprado en Creta por Jeníades de Corinto, su amo lleva a Diógenes a su casa y allí le encomienda la educación de sus hijos. Diógenes le impone un régimen de vida espartano, de acuerdo con su propio ideario. Tanto los muchachos como su padre quedan muy contentos del preceptor, lo consideran un verdadero buen genio tutelar de la casa, un *agathòs daímon,* y lo honran con su afecto hasta su muerte. Una imagen idealizada del cínico, acaso recogida por Cleómenes, que escribió un *Pedagógico* citado por Diógenes Laercio, pervive en esas alusiones a un relato moralizante.

No es esa la faceta que le ha interesado a Luciano, cuando en su diálogo «Venta de vidas» *(Bíon prâxis)* retoma el tema y nos presenta al dios Hermes subastando a algunos destacados filósofos al mejor postor. Luciano destaca la independencia y la libertad de palabra del cínico, que con ello no resulta especialmente atractivo al comprador; éste acaba dando por Diógenes sólo dos óbolos para hacer de él un marinero o un jardinero. El dios Hermes lo da sin regateos por un precio tan irrisorio con tal de librarse de un individuo tan mal educado y pendenciero.

En los *Diálogos de los muertos* de Luciano se pasea Diógenes por el mundo nebuloso del Hades criticando acerbamente a los demás. En ese cadavérico mundo vagan las sombras desprovistas de todo lo que les sirvió de orgullo y vanidad antaño; los más bellos andan ya de esqueletos mondos igualados a los feos, y los ricos están sin sus riquezas y los reyes sin sus reinos ni ejércitos. En ese triunfo de la igualdad Diógenes se venga echándoles en cara a unos y a otros su conducta anterior y la necedad con que actuaron. Tras la muerte el cínico sigue igual, satírico y desvergonzado en sus sarcasmos definitivos. La perspectiva de Luciano es un tanto ambigua, a pesar de sus simpatías por el personaje de Diógenes, un bufón mordaz, a sus anchas en ese ámbito polvoriento de ultratumba.

Con Diógenes queda troquelado el tipo del cínico, fácil de reconocer incluso por su indumentaria. Lleva un manto burdo de estameña, que puede doblarse en invierno y servir de cobertor por la noche; al hombro se echa su morral –en el que guarda sus mínimas pertenencias: un cuenco de madera, quizás algunos mendrugos y limosnas– y en la mano empuña el bastón de nudos propio del peregrino. La barba larga, sin cuidar e hirsuta, no resulta característica hasta que los macedonios imponen la moda de afeitarse, como también los romanos después. La silueta del cínico resulta peculiar con el paso del tiempo. Como se ha señalado, ninguno de sus trazos lo habría distinguido en la Atenas clásica, donde el basto manto era llevado por los partidarios de una dieta espartana, la barba era normal en los ciudadanos de edad, y muchos llevaban bastón. Peregrino y mendicante, el cínico adopta ese uniforme barato para proclamar su frugalidad, como muchos siglos después harán los frailes mendicantes.

No es pertinente discutir en detalle si fue Antístenes el primero en adoptar el *tribón* (el manto tosco y raído casi siempre), o si Diógenes, además de la característica mochila, la *péra* –que es también morral, alforja, zurrón, etc.–, utilizó el típico bastón antes de necesitarlo en su vejez y convalecencia. Tal vez lo del bastón le parecería un lujo innecesario mientras uno tuviera sanos los dos pies y fuerza para caminar y brincar por los atajos. El ajuar del cínico, que puede dormir en cualquier parte –tanto en el pórtico de Zeus en Atenas o en el mercado de Corinto, como al cielo raso de los campos–, puede reponerse fácilmente. El bagaje del cínico es interior y, en caso de naufragio, sobrenada con su dueño. *Omnia mea mecum porto,* pudo servir de divisa a estos filósofos autosuficientes. Lo lamentable de los uniformes es que son también disfraz, y con el paso de los tiempos muchos parásitos recurrirán a endosar el hábito cínico para fingir un saber o adoptar una pose fácil de remedar. Prototipo del *beatnik* o el *hippie,* el cínico se inscribe así en una galería de disfraces y modelos de vida; la espontaneidad que fue en Diógenes chillón ingenio se esfuma en el plagio.

Los cínicos no desaconsejaron el suicidio en caso de apuro. El gran Heracles se había quemado en una pira, y así lo hizo también Peregrino Proteo, un pintoresco personaje satirizado por Luciano. La fortaleza de ánimo le permitía a un cínico acabar con su vida cuando las adversas circunstancias o una vejez extrema no le dejaban otra salida digna. Diógenes, Metrocles, Menipo y luego Demónax se suicidaron, según algunas versiones, pero lo hicieron silenciosamente y sin aspavientos, dando una última prueba de su animosidad y su espontaneidad sobre la Fortuna[4].

El triunfo del cínico queda claro en su paso al más allá. Recordemos un epigrama sobre Diógenes en la orilla del Aqueronte, que habría convenido también a otros camaradas suyos:

A CARONTE

Tú, que en tu esquife sombrío navegas por estas
   aguas del Aqueronte, de Hades triste acólito,
acoge, aunque tengas tu balsa espantable de muertos
   cargada, al perro Diógenes. No tengo en mi bagaje
sino una alcuza, la alforja, la mísera capa
   y el óbolo que el viaje paga de los difuntos.
Cuanto en la vida tenía, lo traje todo ello
   conmigo al Hades; nada bajo el sol he dejado[5].

Leónidas de Tarento

---

[4]. Sobre el tema del suicidio en los cínicos y, luego, en los estoicos, véase el cap. 13 del libro de J. M. Rist, *Stoic Philosophy* («Suicide», pp. 233-255).
[5]. *Ant. Pal.,* VII, 67. Doy la traducción de M. Fernández-Galiano en *Antología Palatina,* I, Madrid, 1978, pp. 99-100.

4. Crates, el filántropo

> *Al llamarle Alejandro de Macedonia y anunciarle que reedificaría Tebas, la patria de Crates, le replicó:*
> *—No quiero una patria semejante, que otro Alejandro puede destruir.*
>
> Gnomologio Vaticano, 743, n. 385

> *No es éste el cosmopolitismo de la «Ilustración» o de la monarquía universal, que suprime teórica o prácticamente las diferencias entre las naciones, sino el cosmopolitismo subjetivo del individuo, atenido a sí mismo, que renuncia voluntariamente a su ciudadanía, para no quedarse, por la pérdida violenta de su patria, sin la base de su existencia moral.*
>
> E. Schwartz

Con Crates de Tebas (368-288 a. C.) cobra el cinismo un rostro amable y sereno. En él las aristas cortantes de su ascética pierden algo de su dureza, y de su figura emana un aire de felicidad. Hay un equilibrio en su carácter y una filantropía en su actitud que colorean afablemente la apatía y el egoísmo de la secta. Le apodaron «el abrepuertas», porque todos estaban bien dispuestos a acogerle en sus casas y algunos escribieron sobre el dintel: «Entrada para Crates, buen genio», teniéndole por un *agathòs daímon* para todos. De su obra conservamos algunos versos notables por su humorismo, ágil parodia de otros versos clásicos, eficaz pastiche para sus proclamas.

La impresión que en él dejó la palabra y el ejemplo de Diógenes le llevó a cambiar de vida. De familia bien acomodada y con abundantes riquezas, Crates no vaciló en renunciar a todos sus dineros en uno de esos gestos de converso a la filosofía que asombran al pueblo. Celebró ese cambio de vida, de potentado a mendigo y filósofo, con un breve poema, al modo de la nota documental en que se notificaba la liberación de un esclavo: «Crates libera a Crates de Tebas. Gracias a ti, Fortuna, maestra del bien para mí, me envuelvo sin cuitas en mi manto».

Al abandonar sus bienes externos, Crates se encuentra libre para llevar una vida elegida y alegre, y dentro de su *tribón* cínico recoge sus riquezas. La *Tyche* despiadada se ha mostrado benévola con él, que conoció y escuchó a Diógenes y encontró así el camino a la dicha fácil. Nacido en Tebas, la patria de Heracles y la ciudad que arrasó Alejandro en 335, prefirió el cosmopolitismo. «Mi patria es mi pequeñez y mi pobreza, a las que no puede afectar ningún cambio de fortuna; mi ciudad es la de Diógenes, a quien la envidia nunca puso asechanza.» Al proclamarse discípulo de aquel a quien llamaron «el Perro», Crates es el primer cínico en sentido estricto. La agresiva personalidad de Diógenes encuentra en él un seguidor sereno que prolonga sus enseñanzas con un nuevo tono, más cordial.

En su excelente carácter, más que en su originalidad como pensador, que es muy escasa, está el trazo más memorable de Crates. De su obra poética nos han quedado algunos breves restos, muy significativos, sin embargo, de su humorismo y su moralismo amable. Inaugura lo que luego se llamó *spoudaiogéloion,* la mezcla de lo serio y lo jocoso en poemas que parodian otros bienes conocidos. Son poemas de talante lúdico, pero que encubren en ese juego literario su mensaje ético *(paígnia spoudêi lelethuíai memigména).* Muy propios de quien, «con su zurrón y su basto manto, jugando y riendo como en una fiesta pasó la vida». La parodia había sido ya para Diógenes un recurso literario, cuando retocaba intencionadamente versos homéricos o fragmentos trágicos. Con Crates adquiere mayor nivel literario.

Quiero recordar aquí algunas líneas de E. Schwartz sobre estas parodias de Crates:

> No le arrastraron a la poesía ni la pasión, ni un sentimiento profundo, ni un instinto de forma que le impulsara a convertirlo todo en verso; y no obstante sus poesías ostentan un sello personal y forman una parte de su ser. Como en su vida, atestiguan sus poesías la genialidad de su carácter. Era un griego de viejo cuño, en el sentido de que, para predicar, necesitaba expresarse en verso. No le preocupaba la teoría estética que separa el arte y la moral; porque, como el pueblo, seguía viendo en el poeta al maestro de la vida [...] Poeta genuino y hombre de veracidad interior, Crates halló el camino recto. La esencia del cinismo es la oposición a la cultura convencional. En esta cultura, a su vez, la poesía estaba cansada y ahíta; sólo podía mantenerse como juego estético. Tomar en serio este juego, cultivar el arte por el arte, hubiera sido para el cínico una capitulación absurda con los goces. No le

quedaba otro recurso que aprovechar las formas existentes, conservándolas y al propio tiempo disolviéndolas. [...] Crates parodió todos los géneros posibles de poesía, con tal de que fuesen populares: los himnos de los rapsodas, las elegías solónicas, que todo el mundo sabía y cuyo autor no conocía ya nadie. De este modo supo vestir siempre con un nuevo traje su severa y sencilla sabiduría, y dar a los versos conocidos un sentido sorprendente, gracias a su transformación parodística.

Gracias a la cita del emperador Juliano (IX, 199 c) conservamos unos versos de su *Elegía a las Musas,* parodia de la de Solón:

De Mnemósine y Zeus Olímpico ilustres hijas,
   Musa de Piéride, escuchad mi súplica.
Pasto en abundancia dad a mi vientre que siempre
   sin esclavitud hace mi vida frugal.
[...] Útil para los amigos, no placentero, hacedme.
Riquezas no quiero amontonar famosas; del escarabajo la dicha,
   de la hormiga el botín anhelo por riqueza.
Mi lote sea la justicia y una opulencia inocente,
   cómoda, bien ganada, honrada por su virtud.
Si lo obtengo, a Hermes y a las santas Musas agasajaré
   no con lujosos derroches, sino con puras virtudes.

Es difícil traducir cualquier parodia, ya que el lector actual apenas percibirá el doble eco. En este caso es más asequible, porque conservamos el conocido poema soloniano; el que el gran reformador ateniense dedicó a presentarnos su ideal en el momento de esplendor de la ideología de la polis. Crates retoma la forma y, sobre la pauta poética del viejo estadista, reescribe, en esa época de crisis cívica, un nuevo mensaje. No pide justicia ni una felicidad basada en la riqueza y el honor, sino una dicha y una justicia privadas, y un poco de comida para un estómago de buen conformar. La frugalidad es un elemento esencial de esa dicha, y a la Frugalidad (*Eutéleia*) le dedicó un breve himno (*Ant. Pal.*, X, 104):

> Salve, diosa y señora, tesoro de los sabios,
>   Frugalidad, vástago de la ilustre Templanza,
> cuya excelencia honran cuantos practican lo justo.

Porque no envidiará a los poderosos y magnates de la tierra el que, como decía en otros versos, sabe

> cuán gran poder encierra la mochila (del cínico):
> un cuartillo de lentejas y el no preocuparse de nada.

Según Crates, el afán de riquezas, el lujo y la carestía producen conflictos civiles y guerras, mientras que la frugal dieta del cínico lleva consigo la paz y la independencia. También Crates, como Diógenes, pensó en una ciudad ideal adecuada a los preceptos de la secta. Hemos conservado unos pocos versos en los que nos describe la idílica ínsula de Pera (La Alforja), anárquica y feliz:

La ciudad de Pera está en medio de un vaho vinoso,
hermosa y opulenta, rodeada de mugre, sin propiedad ninguna,
hacia ella no navega ningún insensato parásito,
ni el relamido que goza con las nalgas de puta.

4. Crates, el filántropo

> Pero produce tomillo y ajos, e higos y panes,
> cosas que no incitan a guerras recíprocas.
> Y no se tienen armas para lograr riquezas ni honores.

Late aquí una ligera parodia (los versos primeros imitan la descripción de Creta en *Od.* 19, 172-173), pero la utopía es lo esencial. En esa comunidad frugal viven las gentes que no se dejan esclavizar por el oro ni tampoco por las pasiones ni por el afán de comercio, que estimula la violencia y la trampa, sino que habitan en paz, y

> no esclavizados por el placer tiránico o inflexibles
> aman sobre todo la inmortal y soberana libertad.

Para vivir feliz basta con atender al mínimo, y lo demás vendrá por añadidura. De ahí el amistoso consejo:

> Junta, amigo, altramuces y habas, y si lo logras,
> fácilmente levantarás su trofeo sobre la pobreza y la escasez.

Frente al epitafio de Sardanápalo, que tras una vida dedicada a los placeres decía:

> Tengo todo lo que engullí, arrebaté y gocé en placeres
> de apasionado amor, y mis muchas riquezas quedaron atrás.

Replicaba Crates:

> Tengo cuanto aprendí y medité y en santas lecciones
> me dieron las Musas; otras muchas riquezas tragólas el humo.

Y probablemente es suyo el dicho de que: «Los objetos de plata y la púrpura son útiles para los actores trágicos, pero no para la vida» (frg. 86 G).

Tanto por este hábito sencillo como por su desarraigo de cualquier lazo cívico, Crates mantiene la ortodoxia de la secta. Como fragmento de una tragedia suya nos transmite Diógenes Laercio la sentencia:

> No tengo por patria una única torre ni un solo techado,
> sino que la tierra entera me sirve de ciudad y de hogar
> dispuesto a acogerme sin más como morada.

Pero, sin embargo, hay una cierta suavidad de maneras en este cínico que iba por las casas aconsejando a los vecinos y poniendo paz y consuelo en las familias, y que decía que de la filosofía había sacado el vivir «contentándose con lo presente, no deseando las cosas ausentes, y no quejándose de las circunstancias». Aunque desdeñaba los placeres que esclavizan y corrompen, sin duda no oponía reparos a los gozos cotidianos que la cordura sabe extraer de mil pequeñas cosas. En él no encontramos la rigidez ni la fiereza de su maestro Diógenes: era un «perro» alegre y domesticado.

Como buen cínico, recelaba de la pasión, y escribió contra la amorosa unos rotundos versos:

> La pasión de amor la borra el hambre; si no, el tiempo;
> y si no te valieran tales remedios, entonces la soga.

Pero fue protagonista de una curiosa historia de amor cuando Hiparquia, la hermana de su discípulo Metro-

4. Crates, el filántropo

cles, se quedó prendada de él por los relatos oídos a su hermano. En vano intentó Crates que desistiera y, al fin, se le presentó y se desnudó ante ella, para que viera cómo era y cuán poco podía ofrecerle. Mas la joven prefirió la vida errabunda y pobre al lado del cínico y, con el consiguiente escándalo social, se fue con él, vestida con el raído manto, a compartir la vida canina y libre del filósofo. Éste es uno de los más extraordinarios casos de amor de la historia griega, e Hiparquia es la única mujer que figura en las *Vidas de los filósofos* de Diógenes Laercio. El episodio está bien narrado por el erudito (VI, 96-98).

Como homenaje a tan decidida y tenaz dama, recordemos el epigrama que Antípatro (el de Sidón, probablemente) puso en su boca:

> Yo, Hiparquia, prefiero a la muelle labor femenina
>   la vida viril que los cínicos llevan;
> no me agrada la túnica sujeta con fíbulas; odio
>   las sandalias de suela gruesa y las redecillas
> brillantes. Me gustan la alforja y el bastón de viajero
>   y la manta que en tierra por la noche me cubre.
> No me aventaja en verdad la menalia Atalanta,
>   que al saber a la vida montaraz sobrepuja[1].

Acompañado por tan valerosa mujer –que no dudó en desafiar las más duras convenciones sociales, las que limitaban el papel de la mujer al hogar y a los hábitos femeninos (véase la estupenda anécdota de Diógenes Laercio en VI, 98, cuando Hiparquia responde que ha dedicado a

---

1. Doy la versión, excelente y precisa, de M. Fernández-Galiano.

su educación el tiempo que, según las pautas tradicionales, debió haber gastado en el telar)–, Crates vivió alegremente una larga vida, protestó contra quienes denigran la vejez y murió viejo con su acostumbrada serenidad. Era de corta estatura y con la edad se fue encorvando, aunque no se quejó demasiado al comentarlo:

> El tiempo, pues, me dobló, constructor sabio
> que hace sus obras cada vez más débiles.

Entre sus discípulos se cuentan los estoicos Cleantes y Zenón, quien escribió unos *Recuerdos de Crates,* como Jenofonte los había escrito de Sócrates.

5. Unos cuantos cínicos más

> *La nature ne m'a point dit: «Ne sois point pauvre»; encore moins: «Sois riche»; mais elle me crie: «Sois indépendant».*
>
> *Il y a des siècles où l'opinion publique est la plus mauvaise des opinions.*
>
> *La meilleure philosophie, relativement au monde, est d'allier, à son égard, le sarcasme de la gaieté avec l'indulgence du mépris.*
>
> N. Chamfort, *Maximes et pensées*

Entre los primeros discípulos de Diógenes, en el sentido un tanto vago que puede tener aquí la palabra discípulo –más bien en la acepción de «adictos» o «secuaces»–, Diógenes Laercio recuerda a Mónimo de Siracusa y a Onesícrito de Astipalea. El primero debió de ser un personaje pintoresco bien conocido en Atenas, ya que el comediógrafo Menandro lo citaba en una de sus piezas; el segundo viajó con Alejandro hasta la India.

De Mónimo vale la pena comentar una anécdota que revela el ingenio de este admirador de Diógenes. Era esclavo de un banquero y un buen día, en un alegre gesto que los bien pensantes consideraron un repentino ataque de locura, comenzó a arrojar las monedas que su patrón tenía en su mesa de banquero. Un espléndido ademán, bien digno de un cínico, que debió de despertar un súbito alboroto y fue luego causa de que su dueño lo manumitiera, pensando, sin duda, que no podía sacar ningún partido de siervo tan alocado. Ese gesto de tirar por los aires el dinero sigue siendo considerado como una manifestación de desvarío, y no una proclama ideológica. Pero a Mónimo le resultó muy provechoso, ya que así tuvo todo su tiempo libre para escuchar a Diógenes y otros compadres. Para no despertar las sospechas de su antiguo patrón, suponemos que haría algunas piruetas alocadas de cuando en cuando. Los dos títulos de sus escritos: *Acerca de los impulsos (Perì hormôn)* y *Protréptico* (algo así como «Invitación a filosofar») nos parecen muy adecuados. El género literario que practicaba es el de *spoudaiogéloion,* mezcla de burlas y seriedad, al modo cínico, un atentado contra los géneros bien formalizados de la literatura clásica.

Onesícrito fue, en contraste, persona de sólida reputación como piloto de navío y escritor de relatos geográficos e históricos.

Onesícrito no ejerció la profesión de filósofo, sino que se alistó en la expedición de Alejandro a Oriente y llegó con ella hasta la India, ejerciendo el cargo de timonel del navío real, y de oficial jefe de la flota que, bajo las órdenes de Nearco, volvió desde el Indo en un arriesgado viaje de exploración por el golfo pérsico. Al regresar a Grecia escribió un libro sobre Alejandro y su manera de comportarse, viendo en el joven monarca un prototipo de rey ideal, educado y caracterizado por su magnanimidad, como Jenofonte lo había visto en el persa Ciro, también idealizado según una pauta cínico-heroica.

5. Unos cuantos cínicos más

El libro de Onesícrito contenía también noticias sobre la tierra de ese oriente fabuloso que los soldados de Alejandro habían explorado. Hablaba de los elefantes, de los árboles maravillosos, de las ballenas gigantes del Océano Sur –que los marinos griegos habían contemplado con indecible asombro– y de países más lejanos, como Trapobana y Catay. Estrabón aprovecha algunas de sus noticias y Aulo Gelio nos cuenta que había visto el libro entre los dos estantes de libros de prodigios y aventuras que los libreros de Brindisi tenían para satisfacer los deseos de novelerías de un abigarrado público. Esas memorias y noticias del viaje por tierras de Oriente, mezcladas con una evocación idealizada de Alejandro, dan a la obra perdida de Onesícrito un singular lugar en los orígenes de la literatura novelesca del helenismo. Preludia los relatos fabulosos sobre las maravillas de países lejanos, las ficciones de las utopías, y la *Novela de Alejandro*.

Tanto Plutarco como Estrabón, y Diógenes Laercio, hablan del episodio del encuentro de Onesícrito con algunos gimnosofistas, una especie de «sabios desnudos», santones o brahmanes, que por su vida austera y ascética parecían una versión oriental del cinismo. Onesícrito les mencionó a Pitágoras, a Sócrates y a Diógenes como maestros de sabiduría, y los gimnosofistas le mostraron que ellos vivían según la naturaleza, en paz perpetua, felices y sin ley.

Esta secta de «faquires» indios llevaban un régimen de vida de una ejemplar sobriedad, al margen de las rutas por donde pasaban los ejércitos guerreros, y evocaban una desaparecida Edad de Oro. En la *Novela de Alejandro* se ha introducido un encuentro de Alejandro con estos brahmanes, en que vuelve a darse la contraposición entre el gran rey y el filósofo (como en la conocida anécdota de Alejandro y Diógenes). Los gimnosofistas no quieren más que la paz y que el gran monarca no les perturbe en su vivir al margen de la historia. Cuando Alejandro se empeña en que le pidan algún deseo para colmarlo generosamente, le piden la inmortalidad. El gran rey se retira vencido, camino de su muerte en Babilonia.

De acuerdo con la ideología cínica, Onesícrito elogiaba el sencillo modo de vida de algunas tribus, como los musicanos, que vivían sencillamente una existencia muy larga (hasta ciento treinta años como término medio), practicando las comidas en común (como en la vieja Esparta), sin utilizar ni oro ni plata (aunque tenían minas de metales preciosos en su tierra), sin esclavos, sin desarrollar otra ciencia que la medicina, sin más leyes que la del castigo del asesinato.

Como afirma Dudley, «Onesícrito no es una figura importante en el desarrollo del cinismo. No lleva él mismo un *kynikós bíos;* y más que un cínico cualquiera, fue un "caminante sobre la faz de la tierra"». Pero al descubrir a otros que llevaban una vida cínica en las orillas del Indo, subrayó la universalidad de esa doctrina, que más que propia de una escuela de filosofía era un modo de hacer frente a la vida.

También la obra de este explorador impregnado de los consejos de Diógenes fue de singular interés para la literatura, como hemos apuntado. El viaje al Oriente fue, desde antiguo, muy atractivo para la imaginación de los griegos, como testimonia ya Heródoto. Aquí se reviste de nuevos motivos de admiración. Onesícrito es un precursor de muchos otros viajeros. La comparación que Diógenes Laercio hace de su libro con la *Ciropedia* de Jenofonte, discípulo de Sócrates, como Onesícrito lo fue de Diógenes, está, por otro lado, muy bien traída.

En una galería de cínicos del helenismo no deberían faltar los retratos de algunos escritores del siglo III a. C. que tuvieron una enorme influencia en la literatura satírica posterior, como Menipo de Gádara y Bión de Borístenes (y Teles, del que tenemos algunos fragmentos), difusores de la diatriba como género literario, y a los que sospechamos, con buenas razones, dotados de un agudo sentido de la ironía y la parodia. Tuvieron muchos imitadores y sus ecos llegaron hasta Luciano y Epicteto; pero nada nos ha llegado de sus escritos. También algunos poetas de esa centuria impregnaron de mensaje cínico sus poemas, como los yambógrafos Cércidas de Megalópolis y Fénix de Colofón, y los epigramatistas Leónidas de Tarento y Meleagro de Gádara. En ellos el cinismo es más literario que filosófico; actitud y pose que no excluye concesiones al hedonismo fácil y cierto eclecticismo en lo ideológico.

Toda esa corriente literaria llega luego a la vasta obra del erudito Marco Terencio Varrón, un «Diógenes latino», no tanto en su vida cuanto en su literatura, al que se atribuyen nada menos que ciento cincuenta libros perdidos de *Sátiras Menipeas*. Séneca y Petronio muestran cierta simpatía hacia los cínicos, especialmente en el plano de la teoría y lo literario, como luego el retórico Dión de Prusa, que expone en un par de discursos las ideas de

Diógenes, presentándolo como protagonista de tales sermones. Más interesante y honda es la veta cínica del estoico Epicteto y la agudeza satírica de Luciano de Samósata, también en el siglo II d. C., responsable de la transmisión de muchos tópicos literarios cínicos a la tradición literaria europea. La diversidad de la obra literaria, y también de los caracteres respectivos, puede servir bien para destacar la apertura del mensaje cínico en la transmisión literaria del mismo. Pero toda esta historia, que puede seguirse en el estudio de Dudley o, desde otro enfoque, en el de J. Roca, pertenece más a una historia de las formas literarias que a una historia del pensamiento antiguo. La ironía, la parodia, la crítica moral, perviven, aunque la originalidad en las ideas sea limitada; la actitud cínica se matiza y difumina, y no reclama ninguna ortodoxia.

La larga influencia literaria o la huella del cinismo en la tradición literaria es, como ya apuntamos, enorme. Se detecta en la difusión de géneros como la sátira, en procedimientos cómicos como la parodia, en la mezcla de géneros o en la creación de tipos «bastardos», como en el llamado *spoudaigéloion* y la misma *satura* (que, aunque Quintiliano la reclamase para la cultura latina, tiene muchos precedentes helénicos), y en el desarrollo y la adopción de formas populares, como la anécdota o *chreíai,* la fábula y la *diatriba*. También el diálogo socrático se renueva, con unas pinceladas cáusticas y humorísticas en manos de Menipo y de Bión, y los yambos recobran su agresividad en los poetas ya mencionados. Estos escritores afines al cinismo son gentes muy variadas en cuanto a sus hábitos de vida; desde luego, no usaban el manto raído ni llevaban el morral famoso, aunque heredaran la mordacidad de Diógenes.

Para nosotros el más destacado de todos ellos es Luciano de Samósata[1] (120-180 d. C., aproximadamente), cuya influencia en la literatura europea (sobre todo en el Renacimiento y en el siglo XVIII) es difícil exagerar. Entre sus numerosas obras abundan las de corte cínico. Los *Diálogos de los muertos,* los *Diálogos de los dioses, Timón, Menipo, Caronte, El sueño o el gallo, Icaromenipo o el hombre que viajó por encima de las nubes,* sus *Relatos verdaderos,* etc., recogen y reelaboran tópicos y enfoques cínicos; Menipo revive en sus páginas y el fantasmal Diógenes pasea por ellas su insolencia. La fantasía y el humor de Luciano van más allá, aunque en este escritor de la época de la Segunda Sofística hay escasa ortodoxia, ya que era más un escéptico y un epicúreo que un cínico. Luciano, que, como dice B. P. Reardon, «tenía tinta en las venas», es fundamentalmente un escritor que intentó vivir de su palabra y su pluma (o su estilete). En él percibimos el humor sarcástico y la feroz ironía del último gran crítico helénico; en este sirio (que parece preludiar la fantasía de los cuentistas de *Las mil y una noches)* encontramos los mejores ecos del humor ático.

Hay una escisión entre los que escriben de acuerdo con pautas cínicas y toman motivos literarios inspirados por el cinismo, y quienes pretenden llevar una vida acorde con los preceptos de Diógenes, acogiéndose a los hábitos mendicantes y vagabundos con el *tribón,* el bastón

---

1. Sobre Luciano, véase el prólogo de J. Alsina en *Luciano. Obras,* I, Madrid, 1981.

y la alforja. De éstos el último nombre que no es conocido es el de un tal Salustio, ya del siglo VI d. C., epígono de una larga serie de figuras entre las que se daba tanto el santón como el histrión; de los que algunos nos son conocidos por las críticas demoledoras de Luciano –en el caso del espectacular Peregrino Proteo, que se suicidó quemándose en una pira en Olimpia–, o del emperador Juliano –en el caso del cínico Heraclio, vano y estúpido orador.

Tanto Luciano como Juliano –dos siglos después– quisieron subrayar cuán diferentes eran los fundadores del cinismo de sus degenerados y estrafalarios y sucios secuaces tardíos, con los que les tocó convivir. La perduración de la secta cínica es un trazo notable, como también lo es la variedad de tipos humanos que podían camuflarse bajo el ascético uniforme del cínico, un disfraz fácil para el exterior y un credo que, por su mismo carácter antidogmático y abierto, requería escaso esfuerzo intelectual. Por otro lado, los estoicos (Epicteto, por ejemplo) retomaron muchos temas cínicos, dándoles un aire menos plebeyo. Cuando Juliano, ya bien mediado el siglo IV, escribe «Contra los cínicos ignorantes» y «Contra el cínico Heraclio», se esfuerza en distinguir a los fundadores del movimiento –Antístenes, Diógenes y Crates– de los molestos epígonos que él conoció, idealizando a los unos y ensombreciendo a los otros. Los vagabundos que bajo el mando cínico pululaban por los dominios del Imperio Romano desde mucho antes no andaban, sin embargo, tan descarriados en cuanto a su imitación de Diógenes, y eran, como él lo fuera, agresivos, deslenguados y pintorescos. Probablemente les faltaba el ingenio y la originalidad crítica de Diógenes y el aplomo y la filantropía de Crates, y les sobraba suciedad, astucia y desfachatez; subsistían como testigos tardíos de un peregrino empeño por mantener la libertad individual en un mundo sumiso y represivo, desilusionado y retórico.

Esta larga huella del cinismo en la literatura pone de relieve el talante ambiguo de esa actitud ante la cultura. Por un lado, el cínico desprecia la educación, en cuanto significa adoptar pautas de civilización e ideales tradicionales del comportamiento, y desprecia también el aprendizaje de las ciencias, en cuanto que esos conocimientos científicos le parecen mera distracción, ya que él niega el progreso. Postula una cierta «ignorancia», *amathía,* y desdeña los saberes enciclopédicos, *enkyklía mathémata.*

Sin embargo, la crítica del cinismo requería un apoyo cultural. Diógenes parodia versos homéricos y sentencias trágicas, compone tragedias o tratados –como su *Politeia*– según moldes bien estilizados literariamente. Y tanto en sus sentencias como en las de Antístenes se destaca el valor de la *paideía,* es decir, de la «cultura» como uno de los escasos bienes que distinguen al hombre de verdad frente a los ricos necios.

De un modo general la parodia, arma fundamental de la predicación cínica, presupone, para ser eficaz, el conocimiento de lo parodiado por parte del público al que se dirige. El cinismo surge en Atenas, una ciudad empapada en cultura, y se desarrolla en contraposición a otras escuelas filosóficas. Su concepción de la vida está vista a través de formas literarias y de enfoques filosóficos precisos. Sin duda esa ambigüedad propicia la escisión a que aludimos: de un lado quedan los simpatizantes con el cinismo como ideología y literatura, y del otro los secuaces del modo de vivir perruno. Sin duda la disociación de lo uno y lo otro se produjo de modo gradual, así como los diversos matices en que doctrina y praxis se combinaban, aguándose o exacerbándose, según los caracteres. De un lado queda el histrionismo de un Peregrino Proteo y la bambolla del cínico Heraclio, del otro la agudeza satírica de un hombre de letras como Luciano, con su comicidad, su fantasía y su escepticismo.

Como movimiento filosófico el cinismo no va más allá de sus proclamas iniciales, tal vez porque era imposible superar al ya extremado y exagerado Diógenes en su actitud y provocación, tal vez porque ningún otro pensador helénico tratara de reformular esa filosofía asistemática y un tanto esquemática en una secta caracterizada por su rebeldía e informalidad. Como rivales, el epicureísmo y el estoicismo insisten también en buscar la independencia y la autarquía individual frente a un mundo caótico y fortuito, y lo hacen sobre unos sistemas filosóficos mejor fundamentados. En cambio, la influencia literaria del cinismo deja una prolongada huella, tanto de motivos como de formas literarias «modernas».

Es interesante subrayar que en esa apertura formal puede detectarse también un influjo socrático-platónico, como apuntó F. Nietzsche hace mucho:

> Si la tragedia había absorbido en sí todos los géneros artísticos precedentes, lo mismo cabe decir a su vez, en un sentido excéntrico, del diálogo platónico, que, nacido de una mezcla de todos los estilos y formas existentes, oscila entre la narración, la lírica y el drama, entre la prosa y la poesía, habiendo

infringido también con ello la rigurosa ley anterior de que la forma lingüística fuera unitaria; por este camino fueron aún más lejos los escritores *cínicos* que, con un amasijo muy grande de estilos, con su fluctuar entre las formas prosaicas y las métricas, alcanzaron también la imagen literaria del «Sócrates furioso», al que solían representar en la vida. (*El nacimiento de la tragedia,* trad. esp. A. Sánchez Pascual, Alianza Editorial, Madrid, 2012, pág. 146.)

Como comenta H. Niehues-Pröbsting, «guardando la imagen de Nietzsche, la literatura cínica es la oveja negra en la familia del diálogo platónico» (o. c., pág. 30). Esta perduración literaria está bien subrayada en el libro de Dudley y en el de H. Niehues-Pröbsting. El cinismo expone una progenie de formas bastardas de literatura, al margen de los moldes clásicos, provocando la risa y recordando en sus sátiras y parodias que el hombre no sólo es el animal que ríe, sino también, como comentó Montaigne, el más ridículo y risible de los animales.

Nota bibliográfica

Señalo sólo los estudios que me parecen más interesantes y accesibles, y que el lector puede encontrar aludidos en mi trabajo. Para una bibliografía más completa remito a la lista exhaustiva que ofrece G. Giannantoni en el vol. IV de su *Socraticorum Reliquiæ*, pp. 1-74.

BRACH BRANHAM, R. M. y GOULET-CAZÉ, M. O. (eds.): *Los cínicos*. Prólogo de C. García Gual, Barcelona, 2000.
BRANCACCI, A.: «Le orazioni diogeniane di Dione Crisostomo», en *Scuole socratiche*, citado luego, pp. 141-171.
CUESTA, J. A.: *Filosofía cínica y crítica ecosocial*, Barcelona, 2006.
DECLEVA CAIZZI, F.: *Anthistenis Fragmenta*, Milán-Varese, 1966.
– «La tradizione antistenico-cinica in Epitteto», en *Scuole socratiche minori e filosofia ellenistica* (ed. G. Giannantoni, 1977), pp. 93-114.
DUDLEY, D. R.: *A History of Cynicism. From Diogenes to the 6th Century A. D.*, Londres, 1937 (Reimp. Hildesheim, 1967).
FIELD, G. C.: *Plato and his Contemporaries*, Londres, 1930 (3.ª ed., 1967).
FINLEY, M. I.: *Aspectos de la antigüedad*, Barcelona, tr. esp., 1980.
GALLO, I.: *Frammenti biografici da papyri*, vol. II, Roma, 1980.
GARCÍA GUAL, C.: *La filosofía helenística*, Madrid, 1986, pp. 40-52.
GASCÓ, F.: «Cristianos y cínicos», en *Religión, superstición y magia en el mundo romano*, Univ. Cádiz, 1985, pp. 49-59.

GIANNANTONI, G.: *Socraticorum Reliquiae*, 4 vols., Roma-Nápoles, 1985.
GIGANTE, M.: *Cinismo e Epicureismo*, Nápoles, 1992.
GIL, L.: «El cinismo y la remodelación de los arquetipos culturales griegos», en *Revista de la Univ. Complutense*, Madrid, 1980-1981, pp. 43-78.
GUTHRIE, W. C. K.: *A History of Greek Philosophy*, vol. III, Cambridge, 1969.
GUZMÁN GUERRA, A. (ed.), *¿Cínicos?*, Madrid, 2012.
HELM, R.: *Lucian und Menipp*, Leipzig-Berlín, 1906.
HÖISTAD, R.: *Cynic Hero and Cynic King. Studies in the cynic Conception of Man*, Lund, 1948.
HUMBERT, J.: *Socrate et les petits Socratiques*, París, 1967.
JOËL, K.: *Der echte und der xenophontische Sokrates*, 2 vols., Berlín, 1893-1901.
MARTÍN GARCÍA, J. A.: *Fénice de Colofón*, Tesis doct., Madrid, 1981.
MEJER, J.: *Diogenes Laertius and his Hellenistic Background*, Wiesbaden, 1893-1901.
NESTLE, W.: *Historia del espíritu griego*, tr. esp., Barcelona, 1961, pp. 212-233.
NIEHUES-PRÖBSTING, H.: *Der Kynismus des Diogenes und der Begriff des Zynismus*, Múnich, 1979.
ONFRAY, M.: *Cynismes*, París, 1990.
PAJARES, R.: «Las categorías fundamentales del pensamiento cínico primitivo», en *Studia Humanistica*, Madrid, 1976, pp. 259-306.
PAQUET, L. (ed.): *Les Cyniques Grecs. Fragments et Témoignages*, París, 1992.
PATZER, A.: *Antisthenes der Sokratiker*, Heidelberg, 1970.
RANKIN, H. D.: *Sophists, Socratics, and Cynics*, Londres-Camberra, 1983.
RIST, J. M.: *Stoic Philosophy*, Cambridge, 1969 (esp., caps. 4 y 13).
ROBINSON, C.: *Lucian and his Influence in Europe*, Londres, 1979.
ROCA FERRER, J.: *Kynikòs Trópos. Cinismo y subversión literaria en la antigüedad*, Barcelona, 1974.

RODRÍGUEZ ADRADOS, F.: *Filosofía cínica en las fábulas esópicas,* Buenos Aires, 1986, 32 pp.
SAYRE, F.: *Diogenes of Sinope. A Study of Greek Cynicism,* Baltimore, 1948.
SCHWARTZ, E.: *Figuras del mundo antiguo,* tr. esp., 1942, 2.ª ed., 1986, pp. 118-140.
SLOTERDIJK, P.: *Crítica de la razón cínica,* 2 vols. Trad esp. M. Á. Vega. Prólogo de F. Savater, Madrid, 1989.
VON FRITZ, K.: «Quellen-Untersuchungen zum Leben und Philosophie des Diogenes von Sinope», en *Philologus,* 1926.

Sobre Diógenes Laercio son excelentes los trabajos reunidos en *Diogene Laerzio. Storico del pensiero antico,* ed. por G. Giannantoni (en la revista *Elenchos,* VII, 1-2), 1986. Especialmente interesantes aquí resultan los de M. Gigante, «Biografia e dossografia en D. L.», y de M. F. Kindstrand, «D. Laertius and the Chreia Tradition».

Dentro de esta serie de estudios quiero destacar la gran aportación que representa el monumental trabajo de Grabriele Giannantoni *Socraticorum Reliquiæ*. En cuatro tomos, de los que los dos primeros ofrecen los textos de esos socráticos, presentados con una admirable pericia filológica en 778 páginas –todo el II, pp. 319-778 trata de los cínicos–, Giannantoni nos ha reunido, ordenado y anotado esos fragmentos tan difíciles de calibrar. El tomo III está dedicado a las notas, excelentes tanto desde la perspectiva filológica como filosófica, y el IV a la bibliografía –con cientos de títulos reseñados en sus primeras 74 páginas– y a los índices. Antes contábamos con la recopilación de fragmentos, sólo en traducción francesa, de L. Paquet; pero la distancia entre su meritorio compendio y estos espléndidos volúmenes de G. Giannantoni es enorme. Me ha sido muy útil esta magistral edición, y sus sabias notas, aun cuando ya tenía muy avanzado este ensayo cuando el trabajo de Giannantoni llegó a mis manos. Cito los fragmentos por su edición, con el número correspondiente seguido por una G.

Para la traducción de Diógenes Laercio he utilizado el texto editado por H. S. Long, *D. L. Vitae Philosophorum,* II, Oxford Classical Texts, 1964; y he consultado las versiones y notas de R. D. Hicks (versión ingl., en col. «Loeb», Londres, 1925) y de M. Gigante (versión italiana, «Univ. Laterza», Bari, 1976, 2.ª ed.), así como la añeja traducción española de J. Ortiz y Sanz (de finales del siglo XVIII).

Aunque por haberla descubierto tarde, ya escrito este libro, no pude utilizarla en su día, quede aquí constancia de la versión de D. L., *Los cínicos,* edición didáctica y traducción de R. Sartorio, Madrid, 1986, que me parece un meritorio intento por acercar esos textos al mundo de nuestros días.

Diógenes Laercio:
Vidas de los filósofos
VI: Los cínicos

Datos cronológicos sobre los primeros cínicos
(Fechas siempre a. C.)

Antístenes, 446-366.
Diógenes, 404-323.
Mónimo, siglo IV.
Onesícrito, *fl.* 330.
Crates, *fl.* 326.
Metrocles, hacia 300.
Hiparquia, hacia 300.
Menipo, siglo III.
Menedemo, siglo III.

Antístenes

Antístenes, hijo de Antístenes, era ateniense, si bien se comentaba que no era de legítimo origen. De ahí justamente que contestara a quien se lo reprochaba: «También la madre de los dioses es frigia». Porque parecía que su madre era tracia[1]. Por eso también, cuando se distinguió en la batalla de Tanagra, le dio ocasión a Sócrates para decir que no habría sido tan noble nacido de dos

---

1. La «Madre de los dioses» que los latinos designaron como *Magna Mater*, era una divinidad procedente de Frigia que se introdujo en el Ática ya en el siglo V y cobró gran relieve en el siglo IV, identificada a veces con Rea o con Cíbele. Su culto popular y orgiástico, pregonado por unos sacerdotes que llevaban la estatua de la diosa en procesión, conservó notorios elementos orientales. La referencia tiene cierta precisión histórica. Por otra parte, de Frigia y la vecina Tracia provenían un buen número de los esclavos y esclavas griegos.

padres atenienses[2]. Y él mismo, desdeñando a los atenienses que se jactaban de su condición de nacidos de la tierra, les decía que en nada eran más nobles que los caracoles y los saltamontes[3].

Fue él, en sus comienzos, discípulo del orador Gorgias. Por eso impregna sus diálogos de estilo retórico, y de manera especial los de *La Verdad* y sus *Exhortaciones*[4]. Cuenta Hermipo que se había propuesto pronunciar en la concentración de los Juegos Ístmicos un reproche y elogio de los atenienses, los tebanos y los lacedemonios, pero que, luego, al ver los numerosos grupos llegados de estas ciudades, renunció.

Más tarde trabó relación con Sócrates, y tanto se benefició de él, que exhortaba a sus propios discípulos a ha-

---

2. En pleno auge de la democracia se manifestó el empeño oficial por restringir los derechos de ciudadanía, y los consiguientes beneficios, a los hijos de padre y madre ateniense. Así, en el 451 la asamblea decidió privar de derechos políticos a los nacidos de una madre extranjera, a propuesta del mismo Pericles (ver Aristóteles, *Constitución de los atenienses*, 16, 4). La medida le afectaba personalmente en relación con su hijo y de Aspasia, Pericles el Joven.

Es probable, sin embargo, que no se aplicara con extremo rigor, ya que volvió a introducirse en el 403, después de la caída de los Treinta Tiranos, de un modo más apremiante. (Cfr. G. Giannantoni, ob. cit., III, pp. 203-204.) La frase de Sócrates la había contado ya Diógenes Laercio en la vida de éste (II, 31). La batalla de Tanagra fue en 426; tal vez, por confusión, la referencia sea a la de Delion, en que sabemos cierto que estuvo Sócrates.

3. La mítica autoctonía de los atenienses era un motivo tópico de orgullo. Resaltaban el detalle en contraste con la supuesta procedencia nórdica de los espartanos, dorios venidos de otro lugar, con los Heraclidas, en fecha imprecisa, y se jactaban de haber nacido de la tierra, como el mítico Ericotnio. Cfr. N. Loraux, *Les enfants d'Athéna*, París, 1982, para más detalle sobre su mito y su trasfondo ideológico.

4. Los breves discursos de Ayante y Ulises que tenemos confirman el influjo retórico del gran sofista, tan significativo en Antístenes como en otros contemporáneos suyos, como Tucídides.

cerse condiscípulos suyos en torno a Sócrates. Como habitaba en el Pireo, venía a escuchar cada día a Sócrates, subiéndose los cuarenta estadios[5]. Tomando de él la firmeza de carácter y emulando su impasibilidad, fue el fundador del cinismo. Y sostuvo que el esfuerzo es un bien con el ejemplo del gran Heracles y de Ciro, aportando al uno del mundo griego y al otro de entre los bárbaros[6].

Fue el primero en definir la proposición[7], al decir: «Proposición es lo que expresa lo que era o es algo».

---

5. Unos ochos kilómetros. Ese camino entre la ciudad y el gran puerto estaba protegido por los Largos Muros y era muy frecuentado. Recuérdese que en él se inicia el diálogo platónico de la *República*.
6. El libro ya citado de R. Höistad constituye un excelente estudio sobre el ideal cínico del héroe y el rey; un ideal que se refleja de modo más extenso en la *Ciropedia* de Jenofonte, que recoge sin duda rasgos del de Antístenes. Y no deja de ser un rasgo significativo que el ejemplo más notable de ese óptimo monarca lo encuentre en el fundador del imperio persa, el primer rey de la dinastía que trabó repetidas contiendas contra los griegos.
7. Doy esta traducción de *lógos,* pero quiero advertir que resulta imposible recoger en un solo término la amplitud semántica de la palabra griega. Hay otras versiones: Ortiz y Sanz traduce «oración», y R. Mondolfo «nombre», M. Gigante prefiere «discurso» y Hicks da «statement (or assertion)» como equivalente. Otro término aceptable sería «definición», pues lo importante es que aquí *lógos* tiene un sentido lógico. Éste es uno de los pocos pasajes en que Diógenes Laercio destaca el interés del socrático Antístenes por la lógica, que fue grande, Aristóteles lo cita en tres pasajes: *Metafís.,* 1024 b 32, 1043 b 24, y *Tópicos* 104 b 21, precisamente en relación con su teoría lógica, en la que Antístenes sostenía que la contradicción es imposible, porque a cada cosa o nombre le corresponde un único significado o definición. Cfr. G. C. Field, *Plato and his Contemporaries,* Londres, 1967, 3.ª ed., pp. 163-169. Éste es un aspecto del que no trataremos; en relación con los cínicos cabe observar que ellos no recogieron ese interés por la lógica y la dialéctica, que Antístenes mostraba, como los sofistas y como otros socráticos, y el mismo Sócrates.

Afirmaba continuamente: «Prefiero someterme a la locura antes que al placer». Y también que «hay que tener trato con mujeres que nos demuestren su agradecimiento». A un muchacho del Ponto, que quería frecuentar su trato, y que le preguntó qué cosas necesitaba para ello, le contestó: «Un librillo nuevo, un estilete nuevo y una tablilla nueva, e inteligencia», subrayando la inteligencia[8]. Al que le preguntaba qué tipo de mujer elegir para esposa, le dijo: «Si es hermosa, será tuya y también ajena; y si fea, sólo tuya será la pena». Al enterarse una vez de que Platón hablaba mal de él, dijo: «Es propio de un rey obrar bien y ser calumniado»[9].

Cuando en cierta ocasión se iniciaba en los misterios órficos, al decir el sacerdote que los iniciados en tales ritos participan de muchas venturas en el Hades, replicó: «¿Por qué entonces no te mueres?». Como uno le reprochara una vez que no era hijo de dos personas libres, dijo: «Tampoco de dos luchadores, pero yo soy un luchador». Al preguntarle que por qué tenía pocos discípulos, contestó: «Porque los expulso con un bastón de plata». Al ser preguntado por el motivo de que zahiriera cáusticamente a sus discípulos, dijo: «También los médicos tratan así a los enfermos». Al ver una vez a un adúltero que iba huyendo, comentó: «¡Qué desdichado, de qué peligro podía haberse librado por el precio de

---

8. Hay un juego de palabras intraducible entre *kainoû*, «nuevo», y *kaì noû*, «e inteligencia». El estilete y la tablilla, recubierta de cera, eran los utensilios gráficos usuales; por lo visto, los discípulos de Antístenes tomaban apuntes de sus charlas.
9. La frase la recuerdan Epicteto y Marco Aurelio, indicando que estaba en su obra sobre Ciro (Ep. IV, 6, 20; M. A., VII, 36).

un óbolo!»[10]. Reputaba mejor, según refiere Hecatón en sus *Anécdotas,* caer entre cuervos que entre aduladores, ya que los unos devoran cadáveres, y los otros, seres vivos[11].

Al preguntarle qué era la mayor dicha entre los humanos, dijo: «El morir feliz». Como una persona importante se le quejara una vez de haber perdido sus memorias[12], le replicó: «Es que debías haberlas escrito esas mismas en tu alma y no en las tablillas». Como el hierro por la herrumbre, así decía que los malvados son devorados por su mal carácter. A los que pretendían ser inmortales les decía que debían vivir piadosa y justamente. Decía que las ciudades perecen en el momento en que no pueden distinguir a los malos de los buenos. Al verse elogiado una vez por unos rufianes, declaró: «Me angustio por si habré hecho algo malo».

La convivencia en concordia de los hermanos afirmaba que era más segura que cualquier muro. Decía que convenía disponer el equipaje que en el naufragio fuera a sobrenadar con uno. Como le criticaran una vez por el hecho de tratar con gente de mal vivir, dijo: «También los médicos andan en compañía de los enfermos, pero no tienen fiebre». Consideraba absurdo apartar del trigo las pajas y en la batalla a los inútiles, y, en cambio, no eximir a los malos del servicio ciudadano. Al preguntarle qué había sacado de la filosofía, dijo: «El ser capaz de hablar conmigo mismo». A uno que le dijo en un convite:

---

10. Lo que le habría costado acostarse con una cortesana barata.
11. Juego de palabras entre *kórax,* «cuervo», y *kólax,* «adulador».
12. *hypommémata:* «apuntes personales», «recordatorio», etc.

«¡Canta!», le contestó: «¡Y tú tócame la flauta!». A Diógenes, que le pedía una capa, le recomendó doblarse el vestido[13]. Preguntado por el más necesario de los conocimientos, dijo: «El que impida el desaprender». Aconsejaba fortificarse contra las calumnias más que contra los apedreamientos.

Se burlaba de Platón por creerle henchido de vanidad. Durante un desfile vio a un caballo que piafaba con estruendo y dijo a Platón: «A mí me parece que tú también eres un potro jactancioso». Eso también es porque Platón elogiaba de continuo al caballo. En otra ocasión fue a visitarle estando enfermo y, al ver la palangana donde Platón había vomitado, dijo: «Aquí veo tu bilis, pero no veo tu vanidad»[14].

Aconsejaba a los atenienses nombrar por decreto caballos a los asnos[15]. Como lo consideraran absurdo, dijo: «Sin embargo, también los generales surgen de entre vosotros sin ningún conocimiento, sino sólo por ser votados a mano alzada». A uno que le dijo: «Muchos te elogian», respondió: «¿Pues qué he hecho mal?». Cuando sacó lo roto de su manto hacia afuera lo vio Sócrates y le

---

13. Si fue Antístenes o Diógenes el primero en «doblarse el manto» es discutible. Diógenes Laercio lo atribuye a uno y otro (VI, 13 y 22).
  Frente al uso de túnica *(chitón)* y manto *(himátion)* los cínicos se impondrán como austera y única prenda el basto tejido de estameña: el famoso *tribón*, que puede doblarse para protegerse del frío y por la noche como cobertor.
14. Aquí aparece la palabra *typhos*, que es uno de los términos clave del cinismo; indica «vanidad, orgullo, altanería superflua», y alude a que Platón no sólo debía vomitar en su cólico la «bilis», sino también ese otro humor dañino: el *typhos*.
15. Ver Platón, *Fedro*, 260 c.

dijo: «A través de tu manto veo tu afán de fama». Preguntado por uno, según cuenta Fanias en su obra *Acerca de los Socráticos,* qué debía hacer para ser un hombre de bien, le contestó: «Aprender de los sabios que debes evitar los vicios que tienes». A uno que elogiaba el lujo replicó: «¡Ojalá vivieran en el lujo los hijos de mis enemigos!».

A un muchacho que posaba vanidosamente ante un escultor le preguntó: «Dime, si el bronce cobrara voz, ¿de qué crees que se ufanaría?». «De su belleza», contestó él. «¿No te avergüenzas entonces –dijo– de contentarte con lo mismo que un objeto desalmado?» Cuando un joven del Ponto le prometió colmarle de regalos, en cuanto su barco de salazones llegara, lo tomó consigo así como un saquillo vacío, y se plantó en casa de la vendedora de harinas; y allí lo llenó y ya se largaba, cuando ésta le reclamó el precio, y le dijo: «Te lo dará éste, en cuanto llegue su barco de salazones»[16].

Se estima que él fue el responsable del destierro de Ánito y de la muerte de Meleto[17]. El caso es que encontróse con unos jóvenes del Ponto, que habían llegado atraídos por la fama de Sócrates, y los condujo hasta Ánito, diciendo que era por su carácter más sabio que Sócrates. Ante esto los que se encontraban junto a él se enfurecieron y lo condenaron al exilio.

Si alguna vez contemplaba a una mujer muy alhajada, se dirigía a su casa e incitaba a su marido a sacar su caba-

---

16. La anécdota alude a una época en que A., como un sofista, cobraba, y al contado, sus lecciones. Quienes niegan, como Giannantoni (ob. cit., III, p. 205), que cobrara, aduciendo algún texto muy claro como el de Jenofonte, *Banquete,* 4, 43, negarán su autenticidad.
17. Los acusadores de Sócrates, causantes de su condena a muerte.

llo y sus armas; de forma que si las tenía, le permitía exhibir su lujo, ya que podía defenderse con ellas. Pero en caso contrario, le ordenaba prescindir del boato.

Sus temas favoritos eran éstos: demostrar que es enseñable la virtud. Que los nobles no son sino los virtuosos. Que la virtud es suficiente en sí misma para la felicidad, sin necesitar nada a no ser la fortaleza socrática. Que la virtud está en los hechos, y no requiere ni muy numerosas palabras ni conocimientos. Que el sabio es autosuficiente, pues los bienes de los demás son todos suyos. Que la impopularidad[18] es un bien y otro tanto el esfuerzo. Que el sabio vivirá no de acuerdo con las leyes establecidas, sino de acuerdo con la de la virtud. Que se casará con el fin de engendrar hijos, uniéndose a las mujeres de mejor planta. Y conocerá el amor, pues sólo el sabio sabe a quiénes hay que amar.

De él rememora también Diocles estos temas: Para el sabio nada hay extraño ni imposible. El bueno es digno de amor. Las personas de bien son parientes. Hacerse aliado de los valientes y también de los virtuosos; la virtud es un arma que no se deja arrebatar. Es mejor combatir con unos pocos buenos contra todos los malos que con muchos malos contra unos pocos buenos. Prestar atención a nuestros enemigos, porque son los primeros en percibir nuestras faltas. Tener más estima por el justo que por el familiar. La virtud del hombre y la de la mujer es la misma. Las buenas acciones son her-

---

18. La *adoxía* puede ser, más simplemente, «la falta de renombre», «la ausencia de fama»; quizá similar al «vive ocultamente» de los epicúreos.

mosas y las malas vergonzosas. Considera ajenos a todos los vicios.

La sensatez es un muro segurísimo, que ni se derruye ni se deja traicionar. Hay que prepararse muros en nuestros propios razonamientos inexpugnables.

Conversaba en el gimnasio de Cynosarges[19], poco distante del pórtico del mercado. De ahí precisamente dicen algunos que tomó nombre la escuela cínica. A él mismo le apodaban el Perro Sencillo. Fue el primero en doblarse la túnica, según cuenta Diocles, y usaba sólo esta prenda de vestir. Adoptó también el bastón y la alforja. También Neantes dice que fue el primero en doblarse el vestido. Sosícrates, en cambio, dice en el tercer libro de sus *Sucesiones* que fue Diodoro de Aspendos quien se dejó barba y usó también bastón y morral.

A él solo entre todos los discípulos de Sócrates le elogia Teopompo, que asegura que era muy hábil para atraerse a cualquiera con su amable charla. Y se ve por sus escritos y por el *Banquete* de Jenofonte[20]. Se estima que fundó el estoicismo más recio y viril. A propósito dice así sobre esto Ateneo, el poeta epigramático:

---

19. El gimnasio de Cynosarges («del perro blanco»), situado fuera de los muros, en el distrito de Diomeya, junto al camino hacia Maratón, estaba reservado a los *nóthoi,* los «bastardos», según cuenta Plutarco en su *Vida de Temístocles*. Dice que Temístocles, cuya madre era extranjera, lo frecuentaba, acompañado de otros jóvenes de buenas familias. El dios tutelar del local era Heracles, fruto también de una unión desigual, entre el olímpico Zeus y una mortal, Alcmena.

No parece probable que el nombre de los *cínicos* venga del nombre del gimnasio, y es dudoso –a pesar del testimonio de Diógenes Laercio– que llamaran «perro» a Antístenes. Ver nota 32.

20. Véase el cap. 4 y ss. de esa obra.

¡Oh sabedores de los preceptos estoicos, que los mejores
principios fijasteis en las sagradas tablillas:
La virtud es el único bien del alma, pues ella sola
protege la conducta y las ciudades de los hombres!
Ella sola entre las hijas de la Memoria rechazó
la placentera sensación de la carne, fin grato a otros hombres[21].

Éste abrió camino a la impasibilidad de Diógenes, y a la continencia de Crates y a la firmeza de ánimo de Zenón, y él puso los fundamentos básicos a su régimen político. Jenofonte afirma que era el hombre más agradable en las conversaciones, y el más sobrio en todo lo demás.

Se conservan sus escritos en diez apartados (secciones):

Sección primera, que contiene:
Acerca de la dicción o sobre los caracteres.
Ayante o discurso de Ayante.
Odiseo o Sobre Odiseo.
Apología de Orestes o acerca de los redactores de pleitos.
Paralelo de escritores o Lisias e Isócrates.
Contra el «sin testimonio» de Isócrates.

Sección segunda, en la que se incluyen:
Sobre la naturaleza de los animales.
Sobre la procreación o Erótico sobre el matrimonio.
Sobre los sofistas, un tratado fisiognómico.
Acerca de la justicia y la valentía, protréptico, en tres libros.
Sobre Teognis, libros cuarto y quinto.

---

21. *Antología Palatina,* IX, 496.

Sección tercera, en la que se incluyen:
Sobre el bien.
Sobre el valor.
Sobre la ley o *Sobre la constitución política.*
Sobre la ley o *Sobre lo bello y justo.*
Sobre libertad y esclavitud.
Sobre la fe.
Sobre el guarda o *Sobre la obediencia.*
Sobre la victoria, un tratado económico.

Sección cuarta, que contiene:
Ciro.
Heracles el mayor o *Sobre la fuerza.*

Sección quinta, en la que se incluyen:
Ciro o *Acerca de la realeza.*
Aspasia.

Sección sexta, en la que se incluyen:
La Verdad.
Sobre la discusión, obra dialéctica.
Satón o *Sobre la contradicción.*
Sobre el habla coloquial.

Sección séptima, que comprende:
Sobre la educación o *Sobre los nombres,* en cinco libros.
Sobre la aplicación de las denominaciones, erístico.
Acerca de la pregunta y la respuesta.
Sobre la opinión y el conocimiento científico, cuatro libros.
Sobre el morir.
Sobre la vida y la muerte.

Acerca de las cosas del Hades.
Sobre la Naturaleza, dos libros.
Inquisición acerca de la naturaleza, dos libros.
Opiniones o *Erístico.*
Problemas sobre el aprender.

Sección octava, que comprende:
Sobre música.
Sobre los comentaristas.
Sobre Homero.
Sobre la injusticia y la impiedad.
Acerca de Calcante.
Sobre el espía.
Sobre el placer.

Sección novena, en la que están:
Acerca de la Odisea.
Sobre el bastón del adivino.
Atenea o *Sobre Telémaco.*
Sobre Helena y Penélope.
Sobre Proteo.
El cíclope o *Sobre Odiseo.*
Sobre el uso del vino o *Sobre la embriaguez* o *Sobre el cíclope.*
Sobre Circe.
Sobre Anfiarao.
Acerca de Odiseo y Penélope y el perro.

Sección décima, que contiene:
Heracles o *Midas.*
Heracles o *Acerca de la fuerza o la sensatez.*

Ciro o el amado.
Ciro o los espías.
Menéxeno o *Sobre el mando.*
Alcibíades.
Arquelao o sobre la realeza.

Y ésas son las obras que escribió[22].

Timón le censura por la cantidad de escritos y le llama «universal charlatán». Murió de enfermedad. Precisamente entonces vino a visitarle Diógenes y le dijo: «¿No necesitas a un amigo?». Entraba a verle con un puñal, y cuando él exclamó: «¿Quién puede librarme de estos dolores?», sacando el cuchillo, dijo: «¡Éste!» Y él replicó: «De los dolores, dije, pero no de la vida». Se opinaba, en efecto, que soportaba su enfermedad con una cierta debilidad por apego a la vida.

Tengo una composición sobre él que dice así:

En tu vida fuiste un perro, Antístenes, de tal naturaleza,
   que sabías morder con tus palabras, no con los dientes.
Pero moriste consumido, enfermo. Replicará acaso alguno:
                                ¿Qué importa?
De todos modos se necesita encontrar un guía para el Hades.

---

22. De esta larga lista de obras no nos quedan sino los títulos y, probablemente, los discursos breves acerca de *Ayante* y *Odiseo*. Pero la lista en sí misma es ya reveladora de la variedad de intereses y saberes de Antístenes. Alternan los tratados éticos con los de lógica y dialéctica y los de exégesis mitológicas, e incluso algunos que tratan «de la naturaleza de las cosas». Influjos socráticos, sofísticos y presocráticos, además de un variado enfoque literario, abarcando desde cuestiones y comentarios homéricos a discursos sobre la naturaleza física y el mundo de más allá de la muerte, se dan cita en este catálogo tan sugerente. (Cfr. Giannantoni, ob. cit., III.)

Hubo otros tres Antístenes. Uno seguidor de Heráclito, otro de Éfeso y otro de Rodas, un historiador.

Puesto que ya hemos enumerado los discípulos de Aristipo y de Fedón, ahora presentemos a los cínicos y estoicos a partir de Antístenes. Y sea de este modo:

Diógenes

Diógenes era de Sinope, hijo de Hicesio, un banquero. Cuenta Diocles que se exilió, porque su padre, que tenía a su cargo la banca estatal, falsificó la moneda. Eubúlides, en su *Acerca de Diógenes,* dice que el propio Diógenes lo hizo y marchó al destierro con su padre[23]. Y no sólo éste, porque él mismo confiesa en el *Pórdalo*[24] que había alterado la acuñación de moneda. Algunos cuentan que, nombrado inspector, se dejó persuadir por los operarios, y fue a Delfos o a Delos, la patria natal de Apolo, a preguntar si debía hacer lo que le aconsejaban. Cuando el dios le dio permiso para modificar la legali-

---

23. Sobre la frase *paracharáttein tò nómisma*, «reacuñar la moneda» se ha montado una historieta personal, a la que en algún momento se le atribuyó un fundamento histórico real (así en Dudley; criticado por Höistad y otros). Sinope, en el Ponto, era una ciudad muy helenizada en esa época; Hicesio es un nombre real en esa ciudad, según testimonios arqueológicos.

24. *Pórdalo* es un título curioso, algo así como «pedorrero». Algunos piensan que es una corrupción y que el nombre de la obra en cuestión (aquí y luego en VI, 80) era *Párdalis*, «la pantera». De todos modos un título tan pintoresco no parece inapropiado para una obra de Diógenes. (Cfr. P. von der Mühll, en *Mus. Helveticum,* XXIII, 1966, pp. 236 y ss.; y el comentario de Giannantoni en ob. cit., III.)

dad vigente[25], sin comprender su sentido, falsificó la acuñación y, al ser descubierto, según unos, fue desterrado; según otros, se exilió por su propia voluntad, asustado. Otros cuentan que su padre le encargó de la moneda y él la falsificó. Y mientras aquél fue apresado y murió, él escapó y marchó a Delfos, donde preguntó no si había de falsificar la moneda, sino qué podía hacer para hacerse muy famoso, y allí recibió ese oráculo[26].

Al llegar a Atenas entró en contacto con Antístenes. Aunque éste trató de rechazarlo porque no admitía a nadie en su compañía, le obligó a admitirlo por su perseverancia. Así una vez que levantaba contra él su bastón, Diógenes le ofreció su cabeza y dijo: «¡Pega! No encontrarás un palo tan duro que me aparte de ti mientras yo crea que dices algo importante». Desde entonces fue discípulo suyo, y, como exiliado que era, adoptó un modo de vivir frugal.

Al observar a un ratón que corría de aquí para allá, según cuenta Teofrasto en su *Megárico,* sin preocuparse de un sitio para dormir y sin cuidarse de la oscuridad o de perseguir cualquiera de las comodidades convencionales, encontró una solución para adaptarse a sus circunstancias. Fue el primero en doblarse el vestido según algunos por tener necesidad incluso de dormir en él. Y se proveyó de un morral, donde llevaba sus provisiones, y acostumbraba usar cualquier lugar para cualquier cosa,

---

25. *Tò politikòn nómisma:* «la valoración política», lo aceptado políticamente como valor y norma.
26. La consulta del oráculo de Delfos es un tópico en la vida de algunos filósofos; así, para Sócrates (aunque la consulta la hace Querofonte, su discípulo), o para Zenón el estoico. (D. L., VII, 2.)

fuera comer, dormir o dialogar. En ocasiones decía, señalando el Pórtico de Zeus y la avenida de los desfiles, que los atenienses los habían decorado para que él viviera allí.

Comenzó a apoyarse en un bastón cuando cayó enfermo. Pero después lo llevaba en toda ocasión, no sólo en la ciudad, sino también en sus vagabundeos iba con él y con su hato, como dicen Olimpiodoro el que fue magistrado ateniense y Polieucto el orador y Lisanias el hijo de Escrión. Había encargado una vez a uno que le buscara alojamiento. Como éste se retrasara, tomó como habitación la tina que había en el Metroon, según relata él mismo en sus cartas. Y durante el verano se echaba a rodar sobre la arena ardiente, mientras en invierno abrazaba a las estatuas heladas por la nieve, acostumbrándose a todos los rigores.

Era terrible para denostar a los demás. Así llamaba a la escuela de Euclides biliosa[27], a la enseñanza de Platón tiempo perdido[28], a las representaciones dionisíacas grandes espectáculos para necios y a los demagogos los calificaba de siervos de la masa. Decía también que cuando en la vida observaba a pilotos, médicos y filósofos, pensaba que el hombre era el más inteligente de los animales; pero cuando advertía, en cambio, la presencia de intérpretes de sueños y adivinos y sus adeptos, o veía a los figurones engreídos por su fama o su riqueza, pensaba que nada hay más vacuo que el hombre. De continuo de-

---

27. Juego de palabras entre *scholé*, «escuela», y *cholé*, «bilis».
28. Juego de palabras entre *diatribé*, «enseñanza, compañía», y *katatribé*, «gasto de tiempo».

cía que en la vida hay que tener dispuesta la razón o el lazo de horca.

Observando una vez en un espléndido banquete a Platón, que se servía aceitunas, le dijo: «¿Cómo tú, el sabio que ha navegado hasta Sicilia para banquetes como éste, ahora no disfrutas de los manjares presentes?». Y aquél respondió: «Por los dioses te aseguro, Diógenes, que también allí las más de las veces viví de aceitunas y cosas por el estilo». Y él: «¿Para qué entonces tenías que viajar a Sicarusa? ¿Es que en aquel tiempo no producía aceitunas el Ática?». Pero cuenta Favorino en su *Historia miscelánea* que fue Aristipo el que lo dijo. También otra vez que estaba comiendo higos secos se topó con Platón y le dijo: «Puedes participar». Cuando éste tomó algunos y se los comía, exclamó: «¡Participar dije, no zampártelos!»[29].

Una vez que Platón recibía como invitados a unos amigos de Dionisio, pisoteaba sus alfombras diciendo: «Pisoteo la superfluidad de Platón». Le respondió Platón: «¡Cuánto evidencias tu vanidad, Diógenes, tú que te crees no estar envanecido!». Otros dicen que dijo Diógenes: «Pisoteo el orgullo de Platón». Y él replicó: «Con otro orgullo, Diógenes».

Soción, en cambio, dice en su libro cuarto que fue el cínico quien dio esta réplica a Platón. En cierta ocasión Diógenes le pidió vino, y luego unos higos. Éste le envió un jarro entero. Y él le dijo: «Si te preguntan cuántos son dos y dos, ¿responderás que veinte? Así ni respondes a lo que se te pregunta ni das lo que se te pide,

---

29. Probable alusión a la teoría platónica de que las cosas «participan» de las ideas.

por exceso». Lo ridiculizó, desde luego, como hablador inacabable.

Cuando le preguntaron en qué lugar de Grecia se veían hombres dignos, contestó: «Hombres en ninguna parte, muchachos en Esparta». Como no se le acercaba nadie al pronunciar un discurso serio, se puso a tararear. Al congregarse la gente a su alrededor, les echó en cara que acudían a los charlatanes de feria, pero iban lentos a los asuntos serios. Decía que los hombres compiten en cavar zanjas y en dar coces, pero ninguno en ser honesto. Admiraba a los eruditos que investigaban las desventuras de Odiseo, mientras ignoraban las suyas propias. Y también a los músicos, que afinaban las cuerdas de la lira, y tenían desafinados los impulsos del alma. Se extrañaba de que los matemáticos estudiaran el sol y la luna y descuidaran sus asuntos cotidianos. De que los oradores dijeran preocuparse de las cosas justas y no las practicaran jamás. Y, en fin, de que los avaros hicieran reproches al dinero y lo adoraran.

Criticaba a los que elogiaban a los justos, por estar por encima de las riquezas, pero por otro lado envidiaban a los muy ricos. Le irritaba que se sacrificara a los dioses para pedirles salud, y en el mismo sacrificio se diera una comilona contra la salud. Se extrañaba de que algunos esclavos que veían a sus dueños comer vorazmente no hurtaran nada de los platos. Elogiaba a los que se disponían a casarse y no se casaban, a los que iban a hacerse a la mar y no zarpaban, a los que iban a entrar en política y no lo hacían, a los que iban a criar a sus hijos y no los criaban, y a los que estaban preparados para servir de consejeros a los poderosos y no se acercaban a ellos. Decía, además, que se debe tender la mano a los amigos, pero sin cerrar el puño.

Cuenta Menipo en su *Venta de Diógenes* que, cogido prisionero y siendo vendido como esclavo, le preguntaron qué sabía hacer. Respondió: «Gobernar hombres». Y dijo al pregonero: «Pregona si alguien quiere comprarse un amo». Como le obligaran a tumbarse, dijo: «No importa. También los pescados se venden echados de cualquier forma». Decía extrañarse de que, al comprar una jarra o una bandeja, probáramos su metal haciéndolas sonar, pero en un hombre nos contentamos con su aspecto. Le decía a Jeníades, que lo compró, que debía obedecerle, aunque fuera un esclavo. Cuenta Eubulo en su obra con el título de *La venta de Diógenes* que éste enseñó a los hijos de Jeníades, además de otros conocimientos, a cabalgar, a disparar el arco y la honda, y lanzar la jabalina. Luego, en la palestra no le dejaba al maestro de gimnasia educarlos como atletas, sino en la medida conveniente para su buen color y sana disposición.

Aprendieron estos niños muchos pasajes de poetas y prosistas e incluso de obras del propio Diógenes. Y revisaba el modo de abreviar cualquier texto para hacerlo memorizable con facilidad. En casa les enseñaba a cuidarse a sí mismos usando de una alimentación sencilla y bebiendo sólo agua. Los llevaba con el pelo rapado y sin adornos, y los habituaba a ir sin túnica y sin calzado, silenciosos y sin reparar más que en sí mismos en las calles. Y los sacaba incluso para llevarlos de caza. Ellos también se cuidaban de Diógenes y estaban solícitos en su favor ante sus padres.

El mismo Eubulo cuenta que envejeció y murió en casa de Jeníades y que sus hijos le dieron sepultura. Y a propósito de esto que Jeníades le preguntó cómo le enterraría, y él contestó: «Boca abajo». Al preguntarle aquél: «¿Por qué?», contestó: «Porque en breve va a volverse todo al revés». Eso era porque ya dominaban los macedonios y de humildes se habían hecho poderosos.

Al invitarle uno a una mansión muy lujosa y prohibirle escupir, después de aclararse la garganta le escupió en la cara, alegando que no había encontrado otro lugar más sucio para hacerlo. Otros cuentan esto de Aristipo[30].

Como una vez exclamara: «¡A mí, hombres!», cuando acudieron algunos, los ahuyentó con su bastón, diciendo: «¡Clamé por hombres, no desperdicios!». Así lo relata Hecatón en el primer libro de sus *Anécdotas*. Dice también que Alejandro había dicho que, de no ser Alejandro, habría querido ser Diógenes.

Consideraba minusválidos no a los sordos o a los ciegos, sino a los que no tenían morral[31]. Introduciéndose una vez medio afeitado en un banquete de jóvenes, según refiere Metrocles en sus *Anécdotas,* fue apaleado. Pero luego escribió los nombres de los que le habían pegado en una tablilla blanca y se paseaba con ella colgada del cuello, hasta que les hizo pagar el daño exponiéndolos a la censura y el desprecio. Decía de sí mismo que era un perro de los que reciben elogios, pero con el que nin-

---

30. Cfr. Diógenes Laercio, II, 75.
31. Juego de palabras entre *anapérous,* «lisiados», y *pera,* el «morral» o «hato» del cínico.

guno de los que lo elogian quiere salir a cazar[32]. A uno que decía: «En los Juegos Píticos he vencido a otros hombres», le replicó: «Yo venzo a hombres, tú sólo a esclavos».

A quienes le decían: «Eres ya viejo, descansa ya», les contestó: «Si corriera la carrera de fondo, ¿debería descansar al acercarme al final, o más bien apretar más?». Al invitarle a un banquete, dijo que no asistiría; porque la vez anterior no le habían dado las gracias. Caminaba sobre la nieve con los pies desnudos y hacía las demás cosas que se han dicho antes. Incluso intentó comer carne cruda, pero no pudo digerirla. Encontró una vez a Demóstenes el orador, que comía en una taberna. Como éste se retirara hacia el fondo, le dijo: «Todavía estarás más dentro de la taberna». Como algunos extranjeros querían en cierta ocasión contemplar a Demóstenes, les dijo al tiempo que extendía el dedo del medio[33]: «¡Aquí tenéis al demagogo de los atenienses!». Como a uno se le

---

32. Un escoliasta de Aristóteles dice que «hay cuatro razones por las que los cínicos son llamados así. La primera es por la "indiferencia" de su manera de vivir *(dià tó adiáphoron tês zoês),* porque cultivan la indiferencia y, como los perros, comen y hacen el amor en público, van descalzos y duermen en toneles y encrucijadas... La segunda razón es porque el perro es un animal impúdico, y ellos cultivan la desvergüenza, no como algo inferior a la vergüenza, sino por encima de ésta... La tercera es que el perro es un buen guardián y ellos guardan los principios de su filosofía... La cuarta razón es que el perro es un animal selectivo que puede distinguir entre sus amigos y sus enemigos; así ellos reconocen como amigos a quienes atienden a la filosofía, y a éstos los tratan amistosamente, mientras que a los contrarios los rechazan, como los perros, ladrándoles».
33. Haciendo el signo de la higa, en un gesto bien conocido, como alusión sexual. Cfr. Periso, *Sat.,* II, 33; Marcial, VI, 76, 5, y Juvenal, *Sat.,* X, 53.

había caído un trozo de pan y le daba vergüenza recogerlo, queriendo darle una lección, ató una cuerda al cuello de una jarra y la arrastró por todo el Cerámico.

Decía que imitaba a los directores de un coro: que también ellos dan la nota más alta para que el resto capte el tono adecuado. Decía que la mayoría estaban locos por un dedo de margen. En efecto, si uno se pasea extendiendo el dedo del medio, cualquiera opinará que está chalado, pero si extiende el índice, ya no le considerarán así[34]. Decía que las cosas de mucho valor se compran por nada y viceversa: Pues una estatua se vende por tres mil dracmas y un cuartillo de harina por dos monedas de cobre.

A Jeníades, que lo había comprado, le dice: «Ven, para que cumplas mis órdenes». Y, al citar éste el verso:

> Hacia arriba corren las aguas de los ríos[35],

le dijo: «Si hubieras comprado un médico y estuvieras enfermo, ¿no le harías caso, sino que le replicarías que "hacia arriba corren las aguas de los ríos"?».

Quería uno filosofar en su compañía. Diógenes le dio un arenque seco y le invitó a seguirle. El otro, por vergüenza, arrojó el arenque y se fue. Algún tiempo después se lo encontró y riendo le dijo: «Un arenque ha quebrado nuestra amistad». Diocles lo relata de este modo: Como uno le dijera: «Estoy a tus órdenes, Diógenes», lo apartó a un lado y le dio un queso de medio óbolo para

---

34. Ver nota anterior.
35. Verso de Eurípides (*Medea,* 410), convertido en frase proverbial.

que lo llevara. Cuando él se negó, le dijo: «Nuestra amistad la ha quebrado un quesillo de medio óbolo».

Al observar una vez a un niño que bebía en las manos, arrojó fuera de su zurrón su copa, diciendo: «Un niño me ha aventajado en sencillez». Arrojó igualmente el plato, al ver a un niño que, como se le había roto el cuenco, recogía sus lentejas en la corteza cóncava del pan.

Razonaba del modo siguiente: «Todo es de los dioses. Los sabios son amigos de los dioses. Los bienes de los amigos son comunes. Por tanto, todo es de los sabios». Al ver una vez a una mujer que adoraba a los dioses en una postura bastante fea, con la intención de censurar su carácter supersticioso, le dijo: «¿No te da reparo, mujer, que haya algún dios a tu espalda, ya que todo está lleno de su presencia, y le ofrezcas un feo espectáculo?». Dedicó a Asclepio un boxeador, que perseguía a los que besaban el suelo y los aporreaba.

Acostumbraba a decir que todas las maldiciones de la tragedia habían caído sobre él. Que, en efecto, estaba:

> sin ciudad, sin familia, privado de patria,
> pobre, vagabundo, tratando de subsistir día a día[36].

Afirmaba que oponía al azar el valor, a la ley la naturaleza y a la pasión el razonamiento. Cuando tomaba el sol en el Craneo se plantó ante él Alejandro y le dijo: «Pídeme lo que quieras». Y él contestó: «No me hagas sombra». Cuando uno que llevaba mucho tiempo leyendo dejó ver al final del papiro un espacio en blanco, Dióge-

---

36. Versos trágicos de autor desconocido (*Adesp.*, 284 Nauck).

nes exclamó: «¡Valor, camaradas! ¡Veo tierra!». A uno que por silogismos concluía que tenía cuernos, le replicó, palpándose la frente: «Pues yo no los veo»[37]. De igual modo contra el que decía que el movimiento no existe[38], se levantó y echó a andar. Ante el que hablaba de los fenómenos celestes, exclamó: «¿Cuántos días hace que bajaste del cielo?». Habiendo colocado un individuo perverso sobre la pared de su casa la inscripción: «Que nada malo entre», comentó: «¿Y el dueño de la casa dónde se meterá?». Después de untarse de ungüento perfumado los pies declaró que el perfume de la cabeza sube al aire, pero de los pies al olfato. Cuando los atenienses le instaban a que se iniciara en los misterios, le decían que los iniciados ocupan un lugar de preferencia en el Hades, y él replicó: «Sería ridículo que Agesilao y Epaminondas yacieran en el fango, mientras unos cualquiera por ser iniciados vivieran en las islas de los Bienaventurados».

Dirigiéndose a unos ratones que corrían a su mesa, dijo: «¡Mira que hasta Diógenes alimenta parásitos!». Al llamarle Platón «perro», le dijo: «Sí, pues yo regreso una y otra vez a quienes me vendieron». Saliendo de los baños públicos a uno que le preguntó si se bañaban muchas personas le dijo que no. Pero a otro, sobre si había mucha gente allí, le dijo que sí. Platón dio su definición de que «el hombre es un animal bípedo implume» y ob-

---

37. El razonamiento «cornudo» era uno de esos pseudosilogismos famosos: «Si uno tiene lo que no ha perdido, y no perdió los cuernos, los tiene». (Cfr. D. L., II, 111; VII, 44, 82.)
38. Algún discípulo de Zenón de Elea, con sus célebres aporías sobre el movimiento.

tuvo aplausos. Él desplumó un gallo y lo introdujo en la escuela y dijo: «Aquí está el hombre de Platón». Desde entonces a esa definición se agregó «y de uñas planas». A uno que le preguntó a qué hora se debe comer, respondió; «Si eres rico, cuando quieras; si eres pobre, cuando puedas».

Viendo una vez en Mégara a los rebaños protegidos con pieles, mientras los niños iban desnudos, comentó: «Es mejor ser el cordero que el hijo de un megarense». A uno que le golpeó con un madero y luego le dijo: «¡Cuidado!», le respondió: «¿Es que vas a atizarme de nuevo?». Calificaba a los demagogos de siervos de la masa, y las coronas de eflorescencias de la fama. Se paseaba por el día con una lámpara encendida, diciendo: «Busco un hombre». Una vez se había quedado de pie bajo el chorro de una fuente; mientras que los circundantes le compadecían, presentóse Platón y dijo: «Si queréis compadeceros de él, abandonadle», aludiendo a su afán de notoriedad. Cuando uno le dio un puñetazo, exclamó: «¡Por Heracles! ¿Cómo me he descuidado en salir a pasear sin casco?».

También le dio de puñetazos Midias, al tiempo que le decía: «Te quedan tres mil a crédito». Pero al día siguiente tomó él unas correas de boxear y le dio una paliza, diciéndole: «Te quedan tres mil a crédito»[39]. Al preguntarle el vendedor de fármacos Lisias si creía en los dioses, dijo: «¿Cómo no voy a creer en ellos, cuando tengo por seguro que te detestan?». Otros atribuyen este di-

---

39. Alusión a un famoso pleito en que Demóstenes, golpeado por Midias, obtuvo como compensación tres mil dracmas.

cho a Teodoro⁴⁰. Viendo a uno que hacía abluciones de purificación, le espetó: «Desgraciado, ¿no sabes que, así como no puedes librarte de tus errores de gramática por más abluciones que hagas, tampoco te purificarás de los de tu vida?».

Reprochaba a las personas en relación a sus oraciones el que suplicaran las cosas que les parecían a ellos bienes, pero que no eran tales en realidad. A los que se angustiaban por sus sueños les reprochaba no ocuparse de lo que hacían en la vigilia, pero preocuparse gravemente de lo que fantaseaban dormidos. Cuando en Olimpia proclamó el heraldo: «Dioxipo vence a otros hombres», exclamó: «Ése vence, sí, a esclavos; a hombres, yo».

Era apreciado ciertamente por los atenienses. Pues cuando un muchacho rompió la tina donde habitaba, a éste le apalearon, y le procuraron otra a Diógenes. Cuenta Dionisio el estoico que, apresado tras la batalla de Queronea, fue conducido a presencia de Filipo. Entonces le preguntó éste quién era, y contestó: «Un observador de tu ambición insaciable». Así suscitó su admiración y quedó en libertad.

Cuando en una ocasión Alejandro envió una misiva a Antípatro en Atenas por medio de un tal Atlio, Diógenes, que estaba allí, comentó:

«Un miserable hijo de miserable a través de un miserable a otro miserable»[41].

Como Perdicas lo amenazó, diciendo que, de no alejarse de él, lo habría matado, dijo: «No es nada extraor-

---

40. Teodoro el ateo, cfr. Diógenes Laercio, II, 102.
41. Juego de palabras: *áthlios* significa «miserable».

dinario; pues también un escorpión o una tarántula habrían hecho lo mismo». Consideraba que le habría amenazado mejor con la frase de «aunque vivas lejos de mí, podré vivir feliz». Voceaba a menudo que los dioses habían concedido a los hombres una existencia fácil, pero que ellos mismos se la habían ensombrecido al requerir pasteles de miel, ungüentos perfumados y cosas por el estilo. A este respecto le dijo a uno al que su esclavo le ataba el calzado: «Aún no eres feliz del todo, mientras éste no te suene también; pero eso llegará en cuanto quedes inútil de los brazos».

Al contemplar una vez a los hierommémones de un templo llevar detenido a uno de los sacristanes que había robado un copón, exclamó: «Los grandes ladrones han apresado al pequeño». Al observar un día a un muchacho que tiraba piedras contra una cruz, dijo: «Bien, alcanzarás seguramente ese objetivo». A los muchachos que le rodeaban y decían: «Cuidamos de que no nos muerdas», les contestó: «No temáis; un perro no come berzas». A uno que se pavoneaba con una piel de león, le dijo: «Deja de insultar el sayo de la virtud»[42]. A uno que elogiaba como feliz a Calístenes[43] y comentaba que participaba de la espléndida vida de la corte de Alejandro, le replicó: «No es más que un infeliz, que come y cena cuando le parece bien a Alejandro».

Necesitando dinero, decía a sus amigos que no se lo pedía, sino que se lo reclamaba. Una vez que se mastur-

---

42. Recordando la que llevaba sobre sus hombros Heracles, la piel del león de Nemea.
43. Calístenes de Olinto; historiador y cortesano de Alejandro.

baba en medio del ágora, comentó: «¡Ojalá fuera posible frotarse también el vientre para no tener hambre!». Al ver a un jovencito que iba al convite de unos sátrapas, lo apartó, lo recondujo a casa de sus familiares y les encargó que lo vigilaran. A un muchacho muy acicalado que le planteaba una pregunta le dijo que no podía responderle hasta que, desnudándose, mostrara si era hombre o mujer[44]. A un muchacho que jugaba al cótabo en los baños públicos le dijo: «Cuanto mejor (lo hagas), tanto peor (para ti)». En un banquete empezaron a tirarle huesecillos como a un perro. Y él se fue hacia ellos y les meó encima, como un perro.

A los oradores y a todos los que buscaban la fama con sus discursos los llamaba «sobrehumanos», queriendo decir «superdesgraciados». Al rico ignorante lo calificaba de «vellón de oro». Viendo una vez sobre la casa de un juerguista el cartel de «Se vende», dijo: «¡Ya sabía que, con tantas borracheras, acabarías por vomitar a tu dueño!». A un jovencito que se quejaba de la turba de sus admiradores le replicó: «Deja tú de pasear los reclamos de invitación». Ante unos baños sucios, dijo: «¿Dónde se bañan luego los que se han bañado aquí?». Sólo él elogiaba a un fornido citarista al que todos criticaban. Cuando le preguntaron por qué, contestó: «Porque con esa corpulencia se dedica a tocar la cítara y no a ladrón de caminos».

A un citarista ante el que siempre desertaban los oyentes le saludó: «¡Hola, gallo!». Él dijo: «¿Por qué?». Con-

---

44. Para emplear el género gramatical correcto, masculino o femenino, en la respuesta.

testó: «Porque con tu canto los levantas a todos». Mientras un joven pronunciaba un discurso de aparato, Diógenes con el pliegue de su vestido lleno de altramuces se puso a comérselos enfrente de éste. Cuando la gente desvió su atención hacia él, dijo que se extrañaba de que abandonaran al orador para mirarle. Cuando una vez le dijo un individuo muy supersticioso: «¡Te partiré la cabeza de un golpe!», replicó: «Y yo sólo con estornudar a la izquierda te daré escalofríos»[45]. Como Hegesias le rogaba que le prestara alguno de sus escritos, le dijo: «¡Eres un frívolo, Hegesias! Tú no echas mano a los higos pintados, sino a los de verdad. Pero en el ejercicio de la virtud dejas de lado lo real, y acudes a lo literario».

A uno que le echaba en cara su exilio, le dijo: «Pero por ese motivo, desgraciado, vine a filosofar». Y otra vez, cuando uno le dijo: «Los sinopenses te condenaron al destierro», dijo: «Y yo a ellos a la permanencia en su ciudad». Viendo una vez a un vencedor olímpico que pastoreaba un rebaño, le dijo: «Pronto, amigo, has trocado Olimpia por Nemea»[46]. Cuando le preguntaron por qué eran insensibles los atletas, contestó: «Porque están hechos de carne de cerdo y de buey». Pedía limosna a una estatua. Al preguntarle que por qué lo hacía, contestó: «Me acostumbro a ser rechazado». Al pedirle limosna a uno –y empezó a hacerlo por necesidad–, dijo: «Si has dado ya a otros, dame también a mí. Y si no, empieza por mí».

---

45. Hacerlo era augurio funesto.
46. Juego de palabras entre Nemea, donde se celebraban los famosos juegos, y *némein,* «pastorear».

Al ser preguntado por un tirano cuál era el mejor bronce para una estatua, dijo: «El que usaron para forjar a Harmodio y Aristogitón»[47]. Al preguntarle que cómo trataba Dionisio a sus amigos, contestó: «Como a sacos, colgando a los llenos y tirando a los vacíos». Cuando un recién casado hizo escribir sobre la pared de su casa:

> El hijo de Zeus, el victorioso Heracles,
> aquí habita. Que no entre ningún mal

añadió por escrito: «Después de la guerra, la alianza».

Dijo que la pasión por el dinero es la metrópoli de todos los males. Al ver a un juerguista que comía aceitunas en una taberna, dijo: «Si hubieras comido así, no cenarías así».

Decía que los hombres buenos son imágenes de los dioses. Que el amor era la ocupación de los desocupados. Cuando le preguntaron qué era una desdicha en la vida, dijo: «Un viejo sin recursos». Preguntado sobre cuál de las bestias muerde más dañina, respondió: «De las salvajes, el sicofante; de las domésticas, el adulador». Al ver a dos centauros muy mal pintados, dijo: «¿Cuál de los dos es Quirón?»[48]. Decía que el discurso de elogio era un lazo meloso. Llamaba al vientre Caribdis de la existencia. Al oír cierta vez que el flautista Dídimo había sido atrapado en adulterio, flagrante, dijo: «Merece que le cuelguen por su nombre»[49]. Como le preguntaron una vez que por qué es

---

47. Los famosos tiranicidas atenienses, a los que se elevó una famosa estatua en Atenas.
48. Juego de palabras entre el nombre del ilustre Centauro y *cheíron*, «peor».
49. *Dydimoi*: «testículos».

pálido el oro, contestó: «Porque son muchos los que conspiran contra él». Al ver a una mujer transportada en una litera, dijo: «La jaula no está proporcionada a la fiera».

Viendo una vez a un esclavo fugitivo echado sobre el brocal de un pozo, le dijo: «¡Muchacho, ten cuidado no recaigas!». Al ver a un ladrón de mantos en los baños públicos, le preguntó: «¿Vienes a desnudarte o a vestirte?»[50]. Al ver a unas mujeres ahorcadas de un olivo, exclamó: «¡Ojalá todos los árboles dieran un fruto semejante!». Viendo a un ladrón de vestidos, le dijo:

¿A qué estás aquí, bravísimo?
¿Acaso para despojar a algún cadáver de los yacentes?[51].

Cuando le preguntaron si tenía algún pequeño esclavo o un siervo, respondió que no. Y al volverle a preguntar: «¿Entonces, cuando te mueras, quién te llevará a la tumba?», contestó: «Cualquiera que necesite mi casa».

Al ver a un hermoso muchacho que dormía descuidadamente, lo sacudió y le dijo:

¡Despierta!
No sea que mientras duermes alguno te clave su lanza en la espalda.

A uno que compraba las golosinas caras del mercado:

De breve vida serás, hijo mío, según te portas en la plaza[52].

---

50. Juego intraducible; el texto dice: *ep'aleimmátion è ep'all' imátion:* «a por un pequeño ungüento o a por otro vestido».
51. Verso de la *Ilíada*, X, 343.
52. *Ilíada*, VIII, 95, con una pequeña variante *(heúdonti* por *pheúgonti),* e *Ilíada,* V, 5, con otra *(agorázeis* por *agoreúeis).*

Cuando Platón dialogaba sobre las ideas y mencionaba la «mesidad» y la «tazonez», dijo: «Yo veo una mesa y un tazón, pero de ningún modo la mesidad y la tazonez». Y él replicó: «Con razón, porque posees los instrumentos con los que se ven la mesa y el tazón, los ojos. Pero aquello con lo que se percibe la mesidad y la tazonez, la inteligencia, no la posees».

Cuando a Platón le preguntaron: «¿Qué te parece Diógenes?», respondió: «Un Sócrates enloquecido».

Preguntado por alguien sobre cuál es el momento oportuno para casarse, dijo: «Los jóvenes todavía no, los viejos ya no». Preguntado acerca de qué querría recibir a cambio de un puñetazo, dijo: «Un casco». A un jovencito que se acicalaba, le dijo al verlo: «Si lo haces con vistas a los hombres, eres un perdido; si para las mujeres un bribón». Al observar a un muchacho que se ruborizaba, le dijo: «Ánimo, ése es el color de la virtud».

A uno que decía que la vida es un mal le dijo: «No la vida, sino la mala vida». A los que le aconsejaban que persiguiera a su esclavo que se había fugado, contestó: «Sería ridículo que Manes viva bien lejos de Diógenes, y que Diógenes no pueda vivir sin Manes».

Comiendo aceitunas, le trajeron un pastel, y, arrojándolo, dijo: «¡Extranjero, apártate, paso libre a los tiranos!»[53]. Y otra vez: «Azotó una aceituna»[54].

Cuando le preguntaron qué raza de perro era, dijo: «Cuando tengo hambre, un maltés; cuando estoy harto,

---

53. Eurípides, *Fenicias,* 40.
54. Juego de palabras sobre una frase homérica; *eláan:* «para avanzar» y «aceituna». Cfr. *Ilíada,* V, 36.

un moloso, de esos que la mayoría elogia, pero que no se atreven a llevar con ellos de caza por temor a la fatiga. Así tampoco sois capaces de convivir conmigo por temor a los dolores».

Le preguntaron si los sabios comen pasteles y respondió: «Todo, como los demás hombres». Al serle preguntado por qué dan limosnas a los pobres, y no a los filósofos, respondió: «Porque piensan que pueden llegar a ser cojos o ciegos, pero nunca a filosofar». Le mendigaba a un avaro, y como éste se demorara, le dijo: «Amigo, te pido para mi comida, no para mi entierro»[55]. A uno que le censuraba por haber falsificado la moneda, le dijo: «Hubo una vez una época en que yo era como tú ahora; pero como yo soy ahora, tú no serás jamás». Y a otro que le hacía el mismo reproche le replicó: «También antes me meaba encima, pero ahora no».

Al llegar a Mindo y ver los portones de la muralla enormes y la ciudad pequeña, dijo: «¡Ciudadanos de Mindo, cerrad los portalones, para que no se os escape la ciudad!». Al ver una vez a un ladrón de púrpura atrapado en delito, citó el verso[56]:

Le sorprendió la muerte purpúrea y la Moira poderosa.

Como Crátero le invitara a acudir a su corte, respondió: «Prefiero lamer sal en Atenas que disfrutar de la espléndida mesa en el palacio de Crátero». Acercándose al

---

55. Juego de palabras entre *trophé*, «alimento, comida», y *taphé*, «entierro».
56. Verso homérico: *Ilíada.*, V, 83.

orador Anaxímenes, que era gordo, le dijo: «Danos a los pobres parte de tu barriga; así tú te aligerarás y a nosotros nos beneficiarás».

En una ocasión en que este mismo pronunciaba un discurso, alzando en su mano un pescado seco, dispersó a sus oyentes. Como aquél se enfadó, le dijo: «La conferencia de Anaxímenes ha quedado disuelta por un pescado en salazón de un óbolo».

Al reprocharle que comía en medio del ágora, repuso: «Es que precisamente en medio del ágora sentí hambre». Algunos le adjudican también la anécdota de que Platón, al verle lavar unas lechugas, se le acercó y en voz baja le dijo: «Si adularas a Dionisio, no lavarías lechugas». Y él respondió igualmente en voz baja: «Y si tú lavaras lechugas no adularías a Dionisio». Al que le dijo: «La gente se ríe de ti», le respondió: «También de ellos los asnos algunas veces; pero ni ellos se cuidan de los asnos ni yo de ellos». Al ver una vez a un joven que filosofaba, le dijo: «Muy bien, porque desvías a los amantes del cuerpo a la belleza del alma».

Admirando uno las ofertas votivas del santuario de Samotracia, comentó: «Serían muchas más si también los que no se salvaron hubieran dedicado las suyas». Otros atribuyen esto a Diágoras de Melos. A un bello muchacho que iba a un convite le dijo: «Volverás peor». Como se lo encontró al regreso y le comentó en seguida: «Ya regreso y no salí peor», contestó: «Peor no, más juerguista sí»[57]. Le pedía limosna a un individuo de mal

---

57. Juego de palabras entre *cheíron*, «Quirón», el buen centauro, *cheíron*, «peor», y *Eurytion*, Euritión, que era otro centauro «ebrio y vinoso» (Ortiz y Sanz).

carácter. Cuando éste dijo: «Si logras convencerme», le replicó: «Si pudiera convencerte, te habría convencido para que te ahorcases».

Regresaba de Esparta a Atenas, y uno le preguntó: «¿De dónde y adónde?» Respondió: «De la habitación de los hombres a la de las mujeres».

Regresaba de Olimpia y alguien le preguntó si había allí mucha gente. Respondió: «Mucha gente, sí, pero pocas personas».

Los libertinos, dijo, eran semejantes a higueras crecidas en una cresta abrupta, cuyos frutos no gusta ninguna persona, sino que los devoran los cuervos y los buitres. Cuando Friné dedicó una estatua de oro de Afrodita en Delfos, dicen que él escribió sobre ella: «Don de la lujuria helénica». Acudió una vez Alejandro hasta él y le dijo: «Yo soy Alejandro el gran rey». Repuso: «Y yo Diógenes el Perro». Al preguntarle por qué se llamaba «perro», dijo: «Porque muevo el rabo ante los que me dan algo, ladro a los que no me dan, y muerdo a los malvados».

Estaba cogiendo los frutos de una higuera, cuando el guardián le dijo: «De ahí mismo se ahorcó anteayer un hombre». Contestó: «Yo la purifico ahora»[58]. Al ver a un vencedor olímpico que miraba embelesadamente a una hetera, dijo: «Ved a un carnero furioso en la pelea que es arrastrado del dogal por una muchachuela cualquiera». Decía que las heteras hermosas eran parecidas a un dulce envenenado.

---

58. El instrumento de una muerte se consideraba como manchado de impureza; el cínico «limpia» la de la higuera llevándose los higos.

Mientras comía en el ágora, los que le rodeaban le gritaban repetidamente: «¡Perro!». Contestó: «¡Perros sois vosotros que me rondáis cuando como!». Dos tipos tímidos se ocultaban a su paso y les dijo: «¡No temáis! ¡Un perro no come berzas!». Preguntado a propósito de un muchacho que se había prostituido que de dónde era, dijo: «De Burdelia»[59]. Viendo a un necio atleta ejercer de médico, le dijo: «¿A qué viene eso? ¿Acaso quieres tumbar así a los que antes te derrotaron?». Al ver al hijo de una hetera tirar piedras a la gente, le dijo:«Ten cuidado, no le des a tu padre».

Enseñándole una vez un mozalbete el cuchillo que había recibido de su amante, comentó: «La hoja es hermosa, pero el mango feo»[60]. Al elogiar algunos a quien le había hecho un obsequio, dijo: «¿Y no me elogiáis a mí que merecí recibirlo?». Como uno le reclamara su vestido, le dijo:«Si me lo diste, es mío; si me lo prestaste, lo llevo de prestado». Como un ciudadano espurio le dijera que llevaba oro en su manto, le respondió: «Sí, por eso duermes tan bien cubierto con él».

Al serle preguntado qué había sacado de la filosofía, dijo: «De no ser alguna otra cosa, al menos el estar equipado contra cualquier azar». Preguntado que de dónde era, respondió: «Cosmopolita». Cuando unos hacían un sacrificio para tener un hijo, les dijo: «¿Y para que salga de buena condición no hacéis sacrificios?». Al serle re-

---

59. Juego de palabras. *Tegeates,* puede indicar que es de la ciudad de Tegea o «de burdel».
60. Otro juego de palabras: *labé* puede ser «mango, empuñadura» o «manera de obtener o agarrar algo».

clamada su aportación por el director de una comida colectiva, le replicó con el verso:

¡Despoja a los demás, pero mantén tus manos lejos de Héctor![61].

Decía que las concubinas de los reyes eran reinas; pues hacían lo que querían. Al honrar por decreto los atenienses a Alejandro como Dioniso, dijo: «¡Y a mí hacedme Sérapis!»[62]. Al que le reprochaba que se metía en lugares infectos, le repuso: «También el sol entra en los retretes, pero no se mancha».

Cuando comía en un santuario, como colocaran a su lado algunos panes sucios, los cogió y los arrojó, diciendo que en un lugar consagrado no debía entrar nada sucio. A uno que le dijo: «Sin ningún conocimiento filosofas», le respondió: «Aunque tan sólo pretenda la sabiduría, también eso es filosofar». A uno que le presentaba a su hijo y decía que era de excelente natural y de costumbres muy ordenadas, le contestó: «¿Entonces para qué me necesita?». De los que hablaban de lo correcto, pero que no lo practicaban, decía que nada diferían de una cítara,

---

61. Las comidas a escote *(éranos)* eran corrientes en Grecia y tenían un jefe o encargado de recoger las aportaciones de los comensales. El verso con el que intenta detenerlo Diógenes es un verso homérico u homerizante, que no se encuentra en nuestra *Ilíada*. (Algunos editores lo insertaron detrás de XVI, 82, o de XVI, 90).
62. Puesto que los atenienses aceptan la identificación de Alejandro con el dios Dioniso, Diógenes les propone la suya con Sérapis, el dios egipcio que en la época helenística —ya en tiempos de Alejandro— se admitía como figura de Zeus, en el sincretismo en boga. Tal vez, supone Hicks, porque Sérapis tenía a su lado un enorme animal de tres cabezas, de perro, león y lobo, como mítico Cancerbero egipcio.

pues tampoco ésta oye ni percibe. Entraba en el teatro en contra de los demás que salían. Al preguntarle que por qué, dijo: «Eso es lo que trato de hacer durante toda mi vida».

Al ver a un muchacho afeminado, le dijo: «¿No te avergüenzas de tomar sobre ti mismo una decisión peor a la de la naturaleza? Porque ella te hizo hombre, mientras tú te fuerzas a ser mujer».

Al contemplar a un alocado que afinaba un psalterio, le dijo: «¿No te avergüenzas de armonizar los sones de un madero, y no compensar tu alma a la vida?». A uno que decía: «No estoy capacitado para la filosofía», le repuso: «¿Para qué entonces vives, si no te importa el vivir bien?». A uno que menospreciaba a su padre, le dijo: «¿No te avergüenzas de despreciar a ése gracias al cual puedes enorgullecerte?». Observando a un joven de bella figura que hablaba muy mal, le comentó: «¿No te da vergüenza sacar de un mango de marfil una cuchilla de plomo?».

Cuando le reprocharon que se pusiera a beber en la tienda de vinos, dijo: «También me corto el pelo en la barbería». Como le censuraran por haber recibido un vestido de Antípatro, respondió:

No son desde luego rechazables los dones preciosos de los dioses[63].

Al que sacudió dándole con una viga, y luego dijo: «¡Cuidado!», le atizó con su bastón a la vez que decía: «¡Cuidado!». Al que perseguía a una hetera, dijo: «¿Por qué quieres alcanzar, desventurado, lo que es mejor ex-

---

63. Verso de la *Ilíada,* III, 65.

traviar?». A uno que se perfumaba, le dijo: «Ten cuidado que el aroma de tu cabeza no procure mal olor a tu vida». Decía que los criados son esclavos de sus amos, y que los débiles lo son de sus pasiones.

Al preguntarle que por qué llamaban a los esclavos *andrápoda,* contestó: «Porque tienen los pies de hombres *(andrón pódas),* pero el espíritu como el tuyo ahora, preguntador». A un juerguista le pedía una mina[64]. Le preguntó éste que por qué a los demás les pedía un óbolo, y a él una mina, y le contestó: «Porque de los demás espero recibir de nuevo, pero de ti está en las rodillas de los dioses si tendré otra oportunidad de recibir algo». Al serle reprochado que él pedía limosna, mientras que Platón no mendigaba, dijo: «También pide, pero

acercando su cabeza, para que no se enteren los demás»[65].

Al ver a un arquero torpe se sentó junto al blanco, diciendo: «Para que no me alcance». Decía que los amantes son desdichados por placer.

Al ser preguntado si la muerte es un mal, contestó: «¿Cómo va a ser un mal, si cuando está presente no la sentimos?»[66]. A Alejandro que, erguido ante él, le preguntó: «¿No me temes?», le dijo: «¿Por qué? ¿Eres un bien o un mal?». Como él respondió: «Un bien», dijo: «¿Pues quién teme un bien?».

---

64. Una dracma tenía seis óbolos, y una mina, cien dracmas.
65. Verso de *Odisea,* I, 157; IV, 70.
66. Ése será también para Epicuro un argumento contra el temor a la muerte: no puede sentirse, ya que mientras existimos no existe ella, y cuando llega ya no somos ni sentimos.

Dijo que la educación era sensatez para los jóvenes, consuelo para los viejos, riqueza para los pobres, adorno para los ricos. A Didimón el adúltero, que una vez estaba curando el ojo de una muchacha, le dijo: «Pon atención, no sea que al tratar de curar el ojo de la muchacha perviertas a la pupila»[67]. Al decirle alguien que sus amigos conspiraban contra él: «¿Y qué hay que hacer», dijo, «si es que hay que tratar a los amigos de igual modo que a los enemigos?».

Al preguntarle qué es lo más hermoso entre los hombres, contestó: «La sinceridad»[68]. Entrando en la casa de un maestro y viendo muchas estatuas de Musas, pero pocos alumnos, exclamó: «¡Gracias a las diosas, maestro, tienes muchos discípulos!». Acostumbraba a realizarlo todo en público, tanto las cosas de Deméter como las de Afrodita. Y exponía unos argumentos de este estilo: «Si el comer no es nada extraño, tampoco lo es en el ágora. No es extraño el comer. Luego tampoco lo es comer en el ágora». Masturbándose en público repetidamente, decía: «¡Ojalá se calmara el hambre también con frotarse la barriga!». Se le atribuyen, además, otras cosas, que sería largo enumerar porque son muchas.

Decía que hay un doble entrenamiento: el espiritual y el corporal. En éste, por medio del ejercicio constante, se crean imágenes que contribuyen a la ágil disposición en favor de las acciones virtuosas[69]. Pero que era incompleto el uno sin el otro, porque la buena disposición y el vi-

---

67. Juego de palabras en griego y en castellano: *kóre* es «muchacha» y «pupila», o «niña del ojo».
68. La *parresía* o «libertad de palabra»; etimológicamente significa el «decirlo todo».
69. La frase es difícil. Ver Höistad, ob. cit., pp. 41-43.

gor eran ambos muy convenientes, tanto para el espíritu como para el cuerpo. Aportaba pruebas de que fácilmente se desemboca de la gimnasia en la virtud. Pues en los oficios manuales y en los otros se ve que los artesanos adquieren una habilidad manual extraordinaria a partir de la práctica constante, e igual los flautistas y los atletas cuánto progresan unos y otros por el continuo esfuerzo en su profesión particular; de modo que, si éstos trasladaran su entrenamiento al terreno espiritual, no se afanarían de modo incompleto y superfluo.

Decía que en la vida nada en absoluto se consigue sin entrenamiento, y que éste es capaz de mejorarlo todo. Que deben, desde luego, en lugar de fatigas inútiles, elegir aquellas que están de acuerdo con la naturaleza quienes quieren vivir felices, y que son desgraciados por su necedad. Y que incluso el desprecio del placer, una vez practicado, resulta muy placentero. Y que, así como los acostumbrados a vivir placenteramente cambian a la situación contraria con disgusto, así los que se han ejercitado en lo contrario desprecian con gran gozo los placeres mismos. Conversaba sobre estas cosas y las ponía en práctica abiertamente, troquelando con nuevo cuño lo convencional de un modo auténtico, sin hacer ninguna concesión a las convenciones de la ley, sino sólo a los preceptos de la naturaleza, afirmando que mantenía el mismo género de vida que Heracles, sin preferir nada a la libertad.

Decía que todo era propiedad de los dioses y empleaba los argumentos que ya hemos referido antes: Todo es de los dioses. Los sabios son amigos de los dioses. Las propiedades de los amigos son comunes. Por tanto, todo es de los sabios. Acerca de la ley decía que sin ella no es posible la vida democrática; y que sin una ciudad democrática no hay ningún beneficio del ser civilizado. La ciudad es civilización. No hay ningún beneficio de la ley sin una ciudad. Por tanto, la ley es un producto de la civilización. Se burlaba de la nobleza de nacimiento y de la fama y de todos los otros timbres honoríficos, diciendo que eran adornos externos del vicio. Decía que sólo hay un gobierno justo: el del universo; y que las mujeres debían ser comunes, sin establecer ningún matrimonio, sino que el que persuadiera a una se uniera con la que había persuadido. Por eso también los hijos habían de ser comunes.

No le parecía nada impropio llevarse cualquier cosa de un templo ni comer la carne de cualquier animal. Ni siquiera le parecía impío el devorar trozos de carne humana, como ejemplificaba con otros pueblos. Incluso comentaba que, según la recta razón, todo estaba en todo y circulaba por todo. Así, por ejemplo, en el pan había carne y en la verdura pan, puesto que todos los cuerpos se contaminan con todos, interpenetrándose a través de ciertos poros invisibles y transformándose conjuntamente en exhalaciones[70]. Así lo hace ver en el *Tiestes,* si es que las tragedias son obras suyas y no de aquel Filisco de Egina, íntimo suyo, o de Pasifonte el hijo de Luciano[71], que, según Favorino en su *Historia miscelánea,* las habría

---

70. La teoría que se atribuye a Diógenes es similar a la mantenida por Anaxágoras.
71. El nombre de Luciano *(Loukianoû)* es, según varios estudiosos, una corrupción del texto anterior, para el que se han propuesto varios hipotéticos sustitutos. Tal vez este Pasifonte sea el de Eretria, del que habla Diógenes Laercio, en II, 61. Favorino de Arelate (Arlés) es un famoso erudito del que Diógenes Laercio, toma muchos datos. Ver A. Barigazzi, *Favorino di Arelate. Opere,* Florencia, 1966.

compuesto tras la muerte de Diógenes. De la música, la geometría, la astrología y las ciencias de esa especie se desentendió, por considerarlas inútiles e innecesarias.

Era ocurrentísimo en los enfrentamientos coloquiales, como está claro por los ejemplos que hemos presentado antes.

Y soportó del modo más digno su venta como esclavo. En un viaje a Egina fue capturado por unos piratas, a los que mandaba Escírpalo, conducido a Creta y puesto a la venta. Cuando el pregonero le preguntó qué sabía hacer, dijo: «Gobernar hombres». Entonces señalando a un corintio que llevaba una túnica con franja de púrpura, el ya mencionado Jeníades, dijo: «¡Véndeme a ése! Ése necesita un dueño». En efecto, lo compró Jeníades y, llevándoselo a Corinto le encomendó educar a sus hijos y dejó en sus manos su casa. Y él la administraba de tal forma en todos los asuntos, que aquél solía pasar diciendo: «Un buen genio ha entrado en mi casa».

Cuenta Cleómenes en su obra titulada *Pedagógico* que sus amigos quisieron rescatarle, y él los llamó simples. Porque los leones no son esclavos de quienes los alimentan, sino que los que los alimentan lo son de los leones. Pues el temor es característica del esclavo, y son los hombres los que temen a las fieras.

Era admirable su fuerza de persuasión, de modo que fácilmente se atraía a cualquiera con sus palabras. Se cuenta, en efecto, que un cierto Onesícrito de Egina envió a Atenas a uno de sus dos hijos, que al escuchar a Diógenes se quedó en la ciudad. Tras éste mandó a su otro hijo, el mayor, Filisco, ya mencionado antes, e igualmente Filisco se quedó allí. Cuando en un tercer viaje llegó él mismo, de igual modo se unió a sus hijos para filosofar en su compañía. Tan mágica era la atracción de las palabras de Diógenes. Tuvo también como discípulo a Foción, el apodado el Honesto, y a Estilpón de Mégara y a numerosos hombres políticos.

Se dice que murió tras haber vivido cerca de noventa años. Acerca de su muerte se cuentan versiones diversas. Pues unos refieren que, después de haberse comido un pulpo vivo, tuvo un tremendo cólico y murió a consecuencia de éste. Otros dicen que fue por contener su respiración. Entre éstos está Cércidas de Megalópolis, que en sus versos coliámbicos dice así.

No, ya no está el de antes, el de Sinope,
aquél paseante de bastón, de veste doblada, vividor a cielo raso.
Porque ya partióse, hincando los dientes en el labio,
y reteniendo el aliento de un mordisco. En verdad fue
Diógenes de la estirpe de Zeus, un celeste perro.

Otros dicen que, cuando trataba de repartir un pulpo entre unos perros, le mordieron en un tendón de la pierna y cayó al suelo. Sus amigos, en cambio, según cuenta Antístenes en sus *Sucesiones,* conjeturaron la retención del aliento.

El caso es que por entonces vivía en el Craneo, el gimnasio a la entrada de Corinto. Según lo acostumbrado, acudieron allí sus amigos y lo hallaron envuelto en su ropa y creyeron que dormía, aunque él no era dormilón ni perezoso. Luego, al levantar el pliegue del vestido, lo encontraron exánime, y sospecharon que había hecho tal cosa con la intención de escapar a lo que le quedaba de vida.

Entonces hubo una disputa entre sus amigos, según dicen, sobre quiénes le enterrarían. E incluso llegaron a las manos. Pero acudieron los padres de los discípulos y otras personas influyentes, y éstos lo enterraron junto al portón que mira hacia el Istmo. Sobre la tumba alzaron una columna y sobre ella un perro de mármol de Paros. Después también los ciudadanos le honraron con estatuas de bronce y pusieron esta inscripción[72]:

Hasta el bronce envejece con el tiempo, pero en nada
tu gloria la eternidad entera, Diógenes, mellará.
Pues que tú solo diste lección de autosuficiencia a los mortales
con tu vida, y mostraste el camino más ligero del vivir.

Hay también unos versos míos en metro proceleusmático[73]:

A.–Diógenes, venga, di qué azar te arrastró fatal
al Hades. D.–Arrastróme el salvaje mordisco de un perro.

Algunos dicen que, al morir, encargó que lo dejaran sin enterrar para que cualquier animal pudiera alimentarse de él, o que le arrojasen a un hoyo y le echaran encima un poco de polvo. Otros, que le echaran al Iliso[74], para ser de utilidad a sus congéneres.

Demetrio en sus *Homónimos* dice que en el mismo día murió Alejandro en Babilonia y Diógenes en Corinto. Era ya viejo en la olimpíada ciento trece[75].

---

72. = *Ant. Palatina,* XVI, 334.
73. = *Ant. Palatina,* VII, 116.
74. Según esta versión habría muerto en Atenas, y no en Corinto, ya que el Iliso es el río de aquella ciudad.
75. Los años 328 a 325.

Se le atribuyen los libros siguientes:

Diálogos:
Cefalión.
Ictias.
Corneja.
Pórdalo.
Pueblo de Atenas.
República.
Tratado de ética.
Acerca de la riqueza.
Erótico.
Hipsias.
Aristarco.
Sobre la muerte.
Cartas.

Y siete tragedias:
Helena.
Tiestes.
Heracles.
Aquiles.
Medea.
Crisipo.
Edipo.

Sosícrates, en el primer libro de su *Tradición,* y Sátiro en el cuarto de sus *Vidas,* dicen que nada es de Diógenes. Las tragediuchas afirma Sátiro que son de Filisco de Egina, el amigo íntimo de Diógenes. Soción, en su libro séptimo, dice que sólo son de Diógenes las obras siguientes:

Sobre la virtud, Sobre el bien, Erótico, Mendigo, Tolmeo, Pórdalo, Casandro, Cefalión, Filisco, Aristarco, Sísifo, Ganimedes, Anécdotas, Cartas[76].

Existieron cinco Diógenes. El primero, el de Apolonia, un filósofo de la naturaleza. El comienzo de su tratado es éste: «Al comenzar cualquier razonamiento me parece que es necesario proponerle una base indiscutible». El segundo, de Sición, el que escribió sobre el Peloponeso. El tercero, éste de que hablamos. El cuarto, un estoico, de Seleucia en cuanto a su origen, pero también llamado el babilonio por su vecindad de esta región. El quinto, de Tarso, que dejó un escrito sobre *Cuestiones de Poética* que intenta resolver.

En cuanto al filósofo, cuenta Atenodoro en el libro octavo de sus *Paseos* que tenía siempre el cutis brillante porque solía darse ungüentos.

Mónimo

Mónimo de Siracusa fue un discípulo de Diógenes, siervo de cierto banquero de Corinto, según refiere Sosícrates. Como a éste lo visitaba con frecuencia Jeníades, el que había comprado a Diógenes, que relataba su excelente disposición, tanto respecto a sus dichos como de sus hechos, infundió en Mónimo un amor extremado hacia aquél. Con que Mónimo, fingiendo ataques de locura, empezó de pronto a arrojar por el aire las monedas y

---

76. Las dudas sobre la autenticidad de algunas de estas obras remontaban a tiempos antiguos. Véase el capítulo dedicado por G. Giannantoni al tema (ob. cit., III).

toda la plata de la mesa del banquero, hasta que su dueño lo despidió. Y al momento estaba a las órdenes de Diógenes. Siguió también a Crates el cínico con asiduidad y se atuvo a una conducta similar, de modo que al verle de nuevo su amo más se persuadía de que andaba loco.

Llegó a ser un hombre de cierta reputación, ya que incluso el cómico Menandro lo ha mencionado. En efecto, en una de sus piezas teatrales, en *El palafrenero,* escribió esto:

> Había un tal Mónimo, hombre sabio, Filón,
> si bien bastante estrafalario... A.–¿El que llevaba zurrón?
> B.–Y tres zurrones, sí. Pues aquél dijo
> una frase que no era semejante, ¡por Zeus!,
> a la de «Conócete a ti mismo» ni a otras sentencias
> afamadas. Sino que estaba por encima de ellas el sucio
> mendigo, que dijo: «Todo lo que imaginamos es vanidad».

Éste se hizo muy riguroso en su desprecio de la opinión pública y en el hábito de perseguir la verdad.

Dejó escritas pequeñas obras festivas en las que hay una dosis de seriedad solapada, y un *Acerca de los impulsos,* en dos libros, y un *Protréptico.*

Onesícrito

De este Onesícrito unos dicen que era de Egina, pero Demetrio de Magnesia afirma que era de Astipalea. También éste fue uno de los discípulos conspicuos de Diógenes. Su experiencia personal parece guardar cierta similitud con la de Jenofonte. En efecto, mientras el uno hizo una campaña con Ciro, éste la hizo con Alejandro; aquél escribió la *Ciropedia (La educación de Ciro),* y éste ha escrito *Cómo fue educado Alejandro.* Y el uno trazó el encomio de Ciro, el otro, el de Alejandro. Y en su comentario se le asemeja, si bien como imitador queda por detrás de su modelo.

Hubo también un Menandro discípulo de Diógenes, el apodado «Madera de roble», admirador de Homero, y Hegesias de Sinope, apodado «Collar de perro», y Filisco de Egina, al que ya hemos mencionado.

Crates

Crates, hijo de Ascondas, era de Tebas. También éste es uno de los discípulos ilustres del Perro. Hipóboto, sin embargo, dice que no fue discípulo de Diógenes personalmente, sino de Brisón de Acaya. Como suyo se transmite este poemilla festivo:

Pera es una ciudad que se alza en medio de la púrpura ilusión,
hermosa y espléndida, bañada de mugre, desprovista de todo,
en la que no atraca ningún alocado parásito,
ni ningún glotón, de los que se ufanan de sus cachas de puta.

Pero produce tomillo, ajos, higos y chuscos de pan,
por los cuales no combaten entre sí sus moradores,
ni se proveen de armas para defender su moneda o su honor.

Hay también un «diario» suyo muy difundido que dice así:

Prepara diez minas para el cocinero, una dracma para el médico,
cinco talentos para el adulador, humo para el consejero,
un talento para la prostituta, trióbolo para el filósofo.

Le llamaban «el abrepuertas» porque entraba en cualquier casa y aconsejaba a sus habitantes. También es suyo esto:

Poseo todo cuanto aprendí y medité y los venerables
preceptos de las Musas. Lo demás, mucho y magnífico,
lo arrebata la ilusión.

También dijo que de la filosofía había sacado: «un cuartillo de lentejas y el no preocuparme por nada». También se le atribuye la conocida sentencia:

El amor lo hace cesar el hambre, y si no, el tiempo.
Y si no puedes servirte de estos medios, el lazo de horca.

Alcanzó su momento de madurez en la olimpíada ciento trece. De él cuenta Antístenes en sus *Tradiciones* que, al ver en una tragedia a Télefo que llevaba un pequeño hato y nada más en una situación lamentable, se sintió atraído a la filosofía cínica. Vendió su hacienda –y era una persona de notable posición–, logrando reunir unos doscientos talentos, y los repartió entre sus conciudadanos. Y él se dedicó a filosofar tan rigurosamente que incluso el comediógrafo Filemón deja mención de él, cuando dice:

> Y durante el verano llevaba un manto grueso,
> para ser como Crates, y en invierno unos andrajos.

Cuenta Diocles que le convenció Diógenes de que dejara su hacienda como pasto para rebaños, y a arrojar al mar todo el dinero que tenía. Y dice también que la casa de Crates (fue habitada) por Alejandro, como la de Hiparquia por Filipo. A menudo se le acercaban algunos de sus parientes con la intención de disuadirle y los ahuyentaba persiguiéndolos con su bastón, y se mantenía firme. Cuenta Demetrio de Magnesia que confió su dinero a cierto banquero, con instrucciones de que, si sus hijos resultaban personas corrientes, se lo entregara; pero si se hacían filósofos, que lo repartiera entre el pueblo, pues aquéllos, al dedicarse a la filosofía, no necesitarían nada más. Eratóstenes refiere que de Hiparquia, de la que hablaremos luego, tuvo un hijo, llamado Pasicles, y que cuando salió del servicio militar, lo condujo a la habitación de una prostituta, y le dijo que ésa era la boda que le disponía su padre.

Decía que los amoríos de los adúlteros eran un motivo de tragedia, pues tienen como pago destierros y asesinatos; mientras que los de los que se lían con heteras resultan cómicos, pues a partir de la intemperancia y la embriaguez concluyen en locura. Hermano de éste fue Pasicles, discípulo de Euclides.

Favorino en el libro segundo de sus *Recuerdos* cuenta un gracioso hecho de Crates. Cuenta, pues, que, al implorar algo de un director de un gimnasio, le agarraba de las caderas. Y como éste se irritara, le dijo: «¿Pues qué, no son éstas tan tuyas como las rodillas?»[77]. Decía que es imposible encontrar a alguien sin defecto, sino que, como en una granada, siempre hay un grano pocho. Habiendo irritado al citaredo Nicódromo, éste le dejó la cara señalada por sus golpes. Entonces se pegó en la frente una tablilla que tenía escrito: «Obra de Nicódromo».

Insultaba a propósito a las prostitutas para acostumbrarse a las calumnias. A Demetrio de Falero, que le había enviado unos panes y vino, se lo reprochó, al decir: «¡Ojalá que las fuentes dieran también panes!». Porque es evidente que bebía agua. Al ser detenido por los inspectores de policía de Atenas por ir vestido de muselina, díjoles: «Hasta a Teofrasto puedo mostraros envuelto en muselina». Como ellos no se lo creían, los condujo a una barbería y les mostró a Teofrasto que se cortaba el pelo. En Tebas fue azotado por el jefe de un gimnasio –otros dicen que fue en Corinto por Eutícrates– y luego era arrastrado por un pie. Sin darle importancia, exclamó el verso:

Lo arrastraba agarrándolo de un pie por el celeste atrio[78].

---

77. Recuérdese que ése era el gesto habitual de súplica: echarse ante uno y agarrarle de las rodillas (como hace, por ejemplo, Tetis ante Zeus en el canto I de la *Ilíada*).
78. Cfr. *Ilíada*, I, 591 (que se refiere a cómo antaño Zeus arrojó a Hefesto del Olimpo).

Diocles cuenta que fue arrastrado por Menedemo de Eretria. El caso es que éste era de hermoso aspecto y se creía que tenía relaciones íntimas con Asclepíades de Fliunte. Conque Crates le palmeó las caderas, y dijo: «¿Anduvo por aquí Asclepíades?». Por esto se enfureció Menedemo y lo arrastraba, cuando él pronunció aquella frase.

Zenón de Citio cuenta en sus *Anécdotas* que en cierta ocasión cosió una piel de cordero a su vestido, sin miramientos. Él era feo de aspecto y cuando hacía gimnasia se reían de él. Acostumbraba decir entonces alzando sus brazos: «¡Ánimo, Crates! Es por el bien de tus ojos y de todo tu cuerpo. A esos que se burlan, ya los verás, torturados por la enfermedad, felicitarte, mientras se hacen reproches a sí mismos por su negligencia».

Decía que hay que filosofar hasta el momento en que los generales le parezcan a uno conductores de asnos. Comentaba que los que están acompañados por aduladores están tan abandonados como los corderos entre los lobos; pues ni a aquéllos ni a éstos los acompañan quienes quieren protegerlos, sino dañarlos. Al darse cuenta de que se moría, salmodiaba para sí estas palabras:

Ya te vas, querido jorobado,
y partes a los dominios de Hades doblegado por la vejez.

Pues estaba encorvado por la edad.

A Alejandro, que le preguntó si quería que se reconstruyera su patria, le contestó: «¿Qué más da? Probablemente otro Alejandro la arrasará de nuevo». Decía que tenía como patria el anonimato y la pobreza, inexpugnables a la Fortuna, y que era conciudadano de Diógenes, a quien no pudo atacar la envidia. También lo ha mencionado Menandro en su comedia *Las gemelas,* así:

> Deambularás conmigo llevando tu sayal
> como en tiempos con el cínico Crates su mujer[79].

Además, él entregó a su hija en matrimonio, según él mismo dijo, dejándola treinta días a prueba.

Sus discípulos fueron los siguientes:

Metrocles

Metrocles de Maronea, hermano de Hiparquia, fue primero alumno de Teofrasto el peripatético, y se hizo tan refinado que, como una vez en medio de un ejercicio de lectura en la escuela se le escapó un pedo, se había encerrado en su casa abatido por la desesperación, con la intención de dejarse morir de desánimo. Al enterarse Crates, llamado para socorrerlo, acudió a su casa, después de hartarse a propósito de lentejas, y trababa de persuadirle con sus razonamientos de que no había hecho nada feo; pues habría sido un milagro impedir la salida de los gases de acuerdo con el proceso natural. Al fin, echándose unos pedos, le convenció, aportando el consuelo con la similitud de las acciones. Desde en-

---

79. Menandro, frag. 10 Koerte. Éste es el texto más antiguo en que tenemos atestiguado el adjetivo *cínico* (Menandro, 342-293 a. C.).

tonces siguió sus enseñanzas y se hizo un hombre cabal en filosofía.

Él quemó sus propios escritos, según cuenta Hecatón en el primer libro de sus *Anécdotas,* comentando estas palabras[80]:

> Éstos son fantasmas de los sueños de los muertos.

Otros refieren que fueron las lecciones de Teofrasto lo que echó al fuego, citando el verso[81]:

> Acude acá Hefesto, Tetis ahora te necesita.

Éste decía que de las cosas unas se adquieren comprándolas con dinero, como una casa, y otras, con tiempo y dedicación, como la educación. Y de Teómbroto lo fue Demetrio de Alejandría, de Cleómenes Timarco de Alejandría y Equecles de Éfeso. No sólo esto, que Equecles lo fue de Teómbroto, además, como Menedemo, del que vamos a hablar. También Menipo de Sinope destacó entre éstos.

Hiparquia

También quedó cautivada por sus doctrinas la hermana de Metrocles, Hiparquia. Los dos eran de Maronea. Efectivamente, se enamoró de Crates, tanto por sus pa-

---

80. Verso de una tragedia de autor no identificado (frag. *Adesp.,* 285 Nauck).
81. *Ilíada,* XVIII, 392.

labras como por su conducta, al tiempo que no prestaba ninguna atención a los que la cortejaban, ni a su riqueza, ni a su nobleza, ni a su hermosura. Para ella sólo existía Crates. Incluso amenazó a sus padres con el suicidio, si no la entregaban a él. Crates entonces fue llamado por los padres para disuadir a la joven y hacía todo lo posible para ello. Al final, como no la convencía, se puso en pie y se desnudó de toda su ropa ante ella, y dijo: «Éste es el novio, ésta tu hacienda, delibera ante esta situación. Porque no vas a ser mi compañera si no te haces con estos mismos hábitos».

La joven hizo la elección y, tomando el mismo hábito que él, marchaba en compañía de su esposo y se unía con él en público y asistía a los banquetes. Fue precisamente en un banquete en casa de Lisímaco donde rebatió a Teodoro el apodado el Ateo, dirigiéndole el sofisma siguiente: Lo que no sería considerado un delito si lo hiciera Teodoro, tampoco será considerado delito si lo hace Hiparquia. Teodoro no comete delito si se golpea a sí mismo, luego tampoco lo comete Hiparquia si golpea a Teodoro. Él no replicó a esta frase, pero le arrancó el vestido. Pero Hiparquia ni se alarmó ni quedó azorada como una mujer cualquiera. Sino que, cuando él le dijo: «¿Ésta es la que abandonó la lanzadera en el telar?»[82], respondió: «Yo soy, Teodoro. ¿Es que te parece que he tomado una decisión equivocada sobre mí misma, al dedicar el tiempo que iba a gastar en el telar en mi educación?». Esta y otras mil anécdotas se cuentan de la filósofa.

82. Eurípides, *Bacantes,* 1236.

Se transmite además de Crates un libro de *Cartas,* en las que filosofa con excelente método, y su estilo es parecido al de Platón. Dejó escritas también tragedias que tienen un elevadísimo carácter filosófico, como, por ejemplo, se ve en aquello de:

> ¡No es mi patria una sola torre, ni un tejado,
> mas toda la tierra me sirve de ciudadela y de morada
> dispuesta a cobijarme.

Crates murió viejo y fue sepultado en Beocia.

Menipo

Menipo, también cínico éste, por su ascendencia era un fenicio; un esclavo, según refiere Acaico en sus libros de *Ética.* Diocles añade que su amo era del Ponto y se llamaba Batón. Pero por avaricia mendigaba con una tremenda desfachatez y consiguió hacerse tebano.

No escribió nada en serio. Sus libros rebosan incesantes burlas, de igual modo que los de su contemporáneo Meleagro[83].

Cuenta Hermipo que fue prestamista de los de por días y le apodaron así. Incluso se dedicaba a prestar para empresas marítimas y exigía prendas en garantía, de modo

---

83. La noticia está equivocada, como bien señala M. Gigante. El poeta epigramático Meleagro de Gádara vivió entre el siglo II y el I a. C.; él se confesaba émulo de Menipo (*Ant. Pal.,* VIII, 417, 4) y tal vez esa referencia explique la alusión de Diógenes Laercio al poeta.

que reunió muchas riquezas. Al final, víctima de un complot, se quedó despojado de todas y presa de desesperación abandonó la vida ahorcándose. Le hemos compuesto un poemilla jocoso:

> Fenicio de raza, pero un perro de Creta,
> prestamista de a día (que así le apodaban)
> fue Menipo, el que acaso conozcas.
> Ese que, cuando en Tebas se arruinó
> y todo lo perdió, sin reparar en la naturaleza del cínico,
> se ahorcó.

Algunos dicen que los libros atribuidos a él no son suyos, sino de Dionisio y de Zópiro de Colofón, que, después de haberlos compuesto en plan de sorna, se los cedieron porque él podía divulgarlos.

Hubo seis Menipos: primero el que escribió sobre los lidios y resumió la historia de Janto; segundo, éste de ahora; tercero, un sofista de Estratonicea, de ascendencia caria; cuarto, un escultor, y el quinto y el sexto, pintores. Los menciona a ambos Apolodoro.

En cuanto a los libros del cínico son trece:

Nekuia (En el país de los muertos).
Testamentos.
Cartas fingidas de personajes divinos.
Contra los fisiólogos y matemáticos y gramáticos.
Sobre el nacimiento de Epicuro y el festejado día veinte.

Y otros.

Menedemo

Menedemo fue discípulo de Colotes de Lámpsaco. Éste, según relata Hipóboto, se ilusionó tanto con la taumaturgia que se paseaba revestido con un disfraz de Furia, diciendo que había venido del Hades como inspector de los pecados que se cometían para denunciarlos a su regreso a las divinidades de allí abajo. Su vestimenta era ésta: una túnica grisácea hasta los pies, ceñida con un cinto púrpura, un gorro arcádico sobre su cabeza que llevaba bordados los doce signos del zodíaco, coturnos trágicos, una barbaza enorme y un báculo de madera de fresno en la mano[84].

Y éstas son las vidas de los cínicos uno a uno. Añadiremos como colofón, además, los preceptos comunes a ellos, porque juzgamos que también esta filosofía es una escuela, y no, como afirman algunos, un modo de vida.

Deciden, desde luego, prescindir del estudio de la lógica y del de la física, más o menos como Aristón de Quíos, y aplicarse sólo al de la ética. Y lo que algunos atribuyen a Sócrates, eso lo refiere Diocles de Diógenes, asegurando que él dijo:

Hay que estudiar
lo bueno y lo malo que acontece en nuestros hogares[85].

---

84. Sobre la relación entre el epicúreo Colotes de Lámpsaco y Menedemo hay un excelente libro: W. Crönert, *Kolotes und Menedemus*. Amsterdam, 1965. Lo del disfraz fantasmal de Menedemo parece ser una historia falsa, inventada por Menipo tal vez.
85. Verso de *Odisea,* IV, 392.

Rechazan los conocimientos generales. Por lo menos Antístenes decía que los prudentes no debían aprender a leer libros, para no dejarse distraer con escritos ajenos. Prescinden también de la geometría, la música y los otros saberes semejantes. Así Diógenes a uno que le mostraba un reloj de sol le dijo: «El chisme parece útil para no retrasarse para la cena». A un músico que le dio un recital le dijo:

> Con los consejos de los hombres se gobiernan bien las ciudades y se rige bien la familia, no con los sones de la lira y la flauta[86].

Sostienen que el fin de la vida es vivir de acuerdo con la virtud, como dice Antístenes en el *Heracles,* de modo parecido a los estoicos. Existe en efecto una cierta coincidencia[87] entre estas dos escuelas. Por eso precisamente se ha dicho que el cinismo es un atajo hacia la virtud. También vivió así Zenón de Citio.

Se proponen vivir sencillamente, sirviéndose de alimentos básicos y de unos sayos simples, despreciando la riqueza y la fama y la nobleza de familia. Algunos, en efecto, se nutren de vegetales y beben sólo agua fresca, adaptándose a cualquier refugio, incluso a una tina, como Diógenes, quien decía que era característica de los dioses no necesitar nada, y de los semejantes a los dioses el desear pocas cosas.

---

86. Eurípides, frag. 200 Nauck (de la tragedia perdida *Antíope*).
87. O «comunidad» *(koinonía)* entre ambas. Los estoicos reconocieron esa vinculación histórica y conceptual, con los cínicos, aunque luego se desviaron de la extrema simplicidad de éstos. (Cfr. el cap. 4 del libro de J. M. Rist, *Stoic Philosophy,* pp. 54-80).

Sostienen que la virtud puede enseñarse, según dice Antístenes en el *Heracles,* y que no puede perderse, una vez adquirida. Que el sabio es digno de amor, impecable, amigo de su semejante, y que no confía nada al azar. Lo que se halla entre la virtud y el vicio lo califican de indiferente, de igual modo que Aristón de Quíos[88].

Y éstos son los cínicos. Pasemos a los estoicos, de los que el fundador fue Zenón, que fue discípulo de Crates.

---

88. Sobre Aristón de Quíos, cfr. Diógenes Laercio, VII, 160-164.